心を豊かにしましょう

とっておきの 奈良 上等なランチ

日常からちょっと離れて
すてきな時間を
過ごしませんか？

エディッツ 著

メイツ出版

CONTENTS

奈良市エリア

『奈良 とっておきの上等なランチ』へ、ようこそ。
今日はいつもよりも少しだけ、贅沢しませんか。

1300年の古都で店を構える、腕利きの料理人たち。
その心尽くしのひと皿が招く、魔法のランチタイムをあなたに。

本書に綴るのは、美味しい奈良の物語。
「奈良にうまいものなし」を覆す、
口福の真実が
ここにはあります。

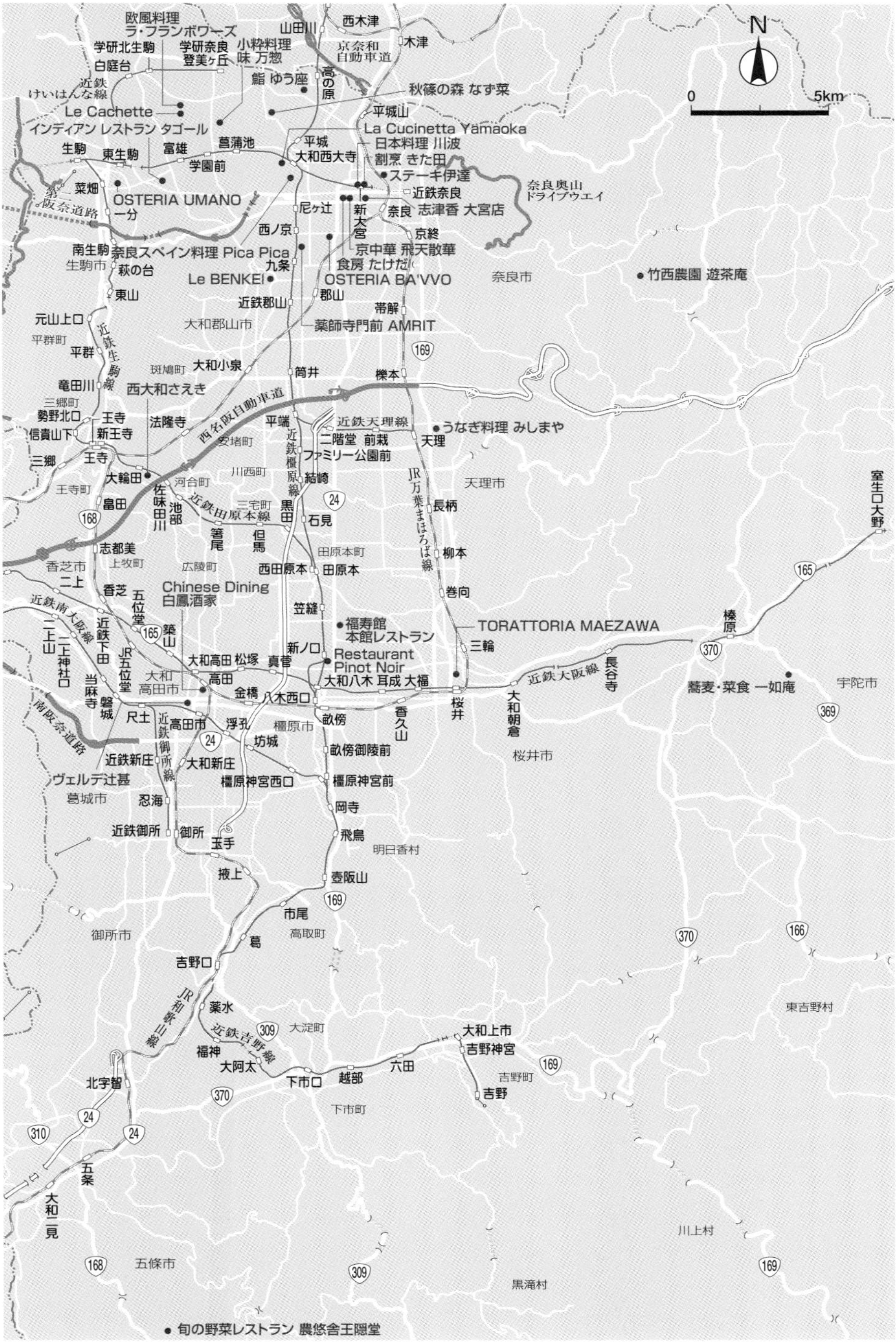
N
0
5km
欧風料理
ラ・フランボワーズ
学研北生駒
白庭台
学研奈良
登美ヶ丘
小粋料理
味 万惣
鮨 ゆう座
山田川
西木津
木津
京奈和
自動車道
高の原
秋篠の森 なず菜
近鉄
けいはんな線
Le Cachette
インディアン レストラン タゴール
平城山
La Cucinetta Yamaoka
日本料理 川波
割烹 きた田
ステーキ伊達
生駒
東生駒
富雄
菖蒲池
学園前
平城
大和西大寺
菜畑
第二阪奈道路
OSTERIA UMANO
一分
近鉄奈良
奈良
志津香 大宮店
奈良奥山
ドライブウエイ
尼ヶ辻
新大宮
西ノ京
京終
南生駒
奈良スペイン料理 Pica Pica
京中華 飛天散華
生駒市
萩の台
九条
食房 たけだ
Le BENKEI
OSTERIA BA'VVO
奈良市
竹西農園 遊茶庵
東山
近鉄郡山
郡山
帯解
元山上口
大和郡山市
薬師寺門前 AMRIT
平群町
近鉄生駒線
平群
169
斑鳩町
大和小泉
筒井
櫟本
竜田川
西大和さえき
三郷町
西名阪自動車道
勢野北口
王寺
新王寺
法隆寺
平端
近鉄天理線
うなぎ料理 みしまや
信貴山下
二階堂
前栽
天理
安堵町
三郷
王寺
近鉄橿原線
ファミリー公園前
大輪田
河合町
川西町
結崎
JR万葉まほろば線
天理市
王寺町
佐味田川
池部
近鉄田原本線
三宅町
黒田
24
畠田
石見
長柄
168
箸尾
但馬
志都美
田原本町
柳本
香芝市
上牧町
広陵町
西田原本
田原本
二上
Chinese Dining
白鳳酒家
香芝
五位堂
巻向
笠縫
近鉄南大阪線
二上山
近鉄下田
165
築山
福寿館
本館レストラン
TORATTORIA MAEZAWA
二上神社口
JR五位堂
新ノ口
三輪
榛原
大和高田
松塚
真菅
Restaurant
Pinot Noir
370
当麻寺
大和高田市
高田
大和八木
耳成
大福
近鉄大阪線
長谷寺
蕎麦・菜食 一如庵
宇陀市
磐城
金橋
八木西口
桜井
大和朝倉
369
南阪奈道路
尺土
高田市
浮孔
畝傍
香久山
近鉄御所線
24
坊城
橿原市
桜井市
近鉄新庄
大和新庄
ヴェルデ辻甚
橿原神宮西口
橿原神宮前
畝傍御陵前
葛城市
忍海
岡寺
近鉄御所
御所
飛鳥
明日香村
玉手
掖上
壺阪山
169
市尾
御所市
高取町
370
166
葛
吉野口
JR和歌山線
薬水
東吉野村
309
大淀町
近鉄吉野線
大和上市
福神
吉野神宮
大阿太
169
下市口
越部
六田
吉野町
北宇智
370
吉野
下市町
24
310
24
五条
大和二見
川上村
168
五條市
309
169
黒滝村
旬の野菜レストラン 農悠舎王隠堂
室生口大野
165

N
0
300m
369
大仏池
東大寺
鏡池
氷室神社
リストランテ イ・ルンガ
吉野本葛 黒川本家
La Terrasse
奈良国立博物館
大仏殿
奈良公園
一の鳥居前
春日大社
江戸三
THE MAIN DINING at NARA PARK
荒池
鷺池
奈良ホテル メインダイニングルーム「三笠」
169
名勝旧大乗院庭園
french o・mo・ya
ACQUA PIANO
新薬師寺
飛鳥小
奈良教育大

奈良育英小
佐保川
奈良県立大
JR 関西本線（大和路線）
←至平城山
奈良女子大
奈良県文化会館
←至新大宮
近鉄奈良線
近鉄奈良
369
交番
Bistrot Le CLAIR
開化天皇陵
Bistro de C'est La Vie
BISTROT SQUARE
興福寺
三条通
奈良市観光センター
南都銀行
塔の茶屋
JR奈良駅前
懐石料理かこむら
猿沢池
率川神社
御料理 吉座傳右衛門
伝香寺
椿井小
つるや
奈良
やすらぎの道
PEPITA D'ORO
奈良市ならまちセンター
日本料理 おばな
天麩羅 天仁
京都銀行
なら工藝館
懐石料理 円
粟 ならまち店
囲炉裏ダイニング たなか
はり新
元興寺
中国料理 栃
大森町
Ristorante L' incontro
JR 万葉まほろば線
済美小
至京終→
Cervo

この本の使い方

奈良人が愛した洋食、その名作を陽光のダイニングで
コースランチ2800円(税込)より。「アクアパッツァ」。
メイン料理は魚や肉から選べ、コースの内容は月替わり
1)コースランチにはメイン料理のほか、前菜3種盛り合わせ、パスタ、デザート、コーヒーまたは紅茶が付く
2)創業当時のメニュー「菊水ピラフ」3200円が復活。牛フィレ肉とエビ、マッシュルームが入るデミグラスソースのピラフ
3)意匠が凝らされた格調高い店内。オープンキッチンから奏でられる調理の音や芳しい香りがフロアを包む
4)菊水楼に隣接して建ち、外観は創業当時の雰囲気をそのまま残す
5)フロアマネージャーの岩本敏次さん(左)とシェフの福岡隆司さん(右)。創業当初から伝統と味を受け継ぐ
【洋食】
ザ メインダイニング アット ナラ パーク THE MAIN DINING at NARA PARK
奈良を代表する明治24年創業の老舗料亭・菊水楼、その欧風レストランとして、昭和42年に開店。当時は奈良公園周辺に洋食を出す店はなく、新しいもの好きの奈良人や観光客が訪れたという。
そのレストランが平成26年春にリニューアル。「料理の音や香りもご馳走の一部」との思いから、オープンキッチンに。荒池に面した南向きの大窓は、水景色を鮮やかに映し出し、きらめく陽光を客席まで届けてくれる。
また「菊水カレー」など往年の常連が目を細めて懐かしむ創業メニューの復活や、新たに取り入れたパスタやメイン料理など。今と昔がお洒落にコラボする魅惑のメインダイニングに、気のおけない友達や母娘と誘い合わせて出かけたい。
94
1
他のランチメニュー
パスタランチ
1200円(税込)
メインランチ
1800円(税込)
シェフズスペシャル
5000円(税込)
菊水カレー
2200円(税込)
2
ディナー料金の目安
1人あたり…4000円~
奈良市高畑町1130
0742-23-2007
LUNCH 11:00~14:30(LO)、CAFE 14:30~17:00、
DINNER 17:00~21:30(LI 20:00/LO 20:30)
3
火曜 ※土・日曜、祝日は不定休
15台
テーブル65席、個室1部屋
全席禁煙
予約がベター
4
可(VISA、MASTER、AMEX、JCB、その他)
※サービス料は別途要
5
http://www.kikusuiro.com/restaurant/
THE MAIN DINING at NARA PARK
近鉄奈良駅から徒歩10分、
JR奈良駅から徒歩20分
95

①「他のランチメニュー」は、写真付きで大きく紹介しているランチ以外のメニューを、一例として紹介しています

②「ディナー料金の目安」は、メニューの最低料金を記載している場合や、飲み物を加えた平均金額を記載している場合など、お店によって規定が異なります。あくまで目安としてご参考ください

③営業時間は開店から閉店までの時間を記載。(LO)はラストオーダー、(LI)は最終入店の時間を示しています

④予約の項目には「要予約」「予約がベター」「不要」があります。当日予約可の場合もあるので、訪れる前には一度連絡をしてみましょう

⑤サービス料が別途必要な場合や、その他に備考がある場合は記載しています

メニューについて

原則1つのランチコースを写真とともに紹介しています。右ページの大きな料理写真の説明文に、コース名と料金を記載しています。

料金の表記について

料金は、すべて消費税別の記載です。ただし、消費税込の料金設定のお店については、料金の後ろに(税込)と記載しています。また、サービス料が別途必要なお店については、データ欄にその旨を記載しています。

定休日について

お盆や年末年始、ゴールデンウィークなどの休みは省略しています。

●この本に掲載しているデータは、平成26年11月現在のものです。
●メニューや料金、定休日、営業時間などは変更になる場合がありますので、ご利用の際は事前に各店にお問い合わせください。

奈良市エリア

国内外を問わず、多くの観光客が訪れる奈良市街地。
和洋中さまざまなジャンルの名店がひしめきます。

近鉄奈良
奈良公園
ならまち
新大宮
西大寺
西ノ京
学園前
富雄
高の原
田原

コース5000円より、前菜。宮城県女川のホタテ貝のタルタル 秋鮭の筋子添え、淡路島のカマスのマリネなど旬の魚介を少しずつ

アクアが奏でる美味の調べに、心を潤すイタリアン

【イタリア料理】 ならまち

アクア ピアーノ ACQUA PIANO

風情あるならまちにひっそりと建つ町家。一歩足を踏み入れれば、店内は和にとらわれないスタイリッシュでモダンな空間。アクア（水）の流れる音色がＢＧＭとなり、心が徐々にほどけていく。

この上質な空間で、最上の料理を味わえる客人は、毎日昼夜2組のみ。「オーダーメイド感覚で、落ち着いて食事をしてもらいたいから」と、オーナーシェフの山口隆彦さん。料理は、昼夜ともにおまかせ1コースのみ。季節感を出すため、肉よりも地場産の野菜や魚を多く使う。なかでも魚は宮城県女川のホタテ、淡路島のタコ、山形県の甘鯛など全国の旬のものばかり。料理への探求と食材へのこだわり、もてなしの心が詰まった皿を、その目と舌で確かめて。

1
2

3

4

5

1）旨みが凝縮されたモンサンミッシェルのムール貝と水菜のトマトソース
2）甘鯛のロースト イタリア産のフレッシュのポルチーニ茸のソース。ポルチーニ茸のローストを添えて
3）格子戸から光が差し込むテーブル席。坪庭が望めるカウンター席も用意
4）2013年6月に生駒から移転。さりげなく小さな看板が掛かる町家
5）ソムリエの資格を持つ、オーナーシェフの山口隆彦さん。イタリア産を中心に揃えるワインはおまかせを

他のランチメニュー
なし
※ランチは5000円のコースのみだが、要望に応じて料理やメニューの内容を変更することもできる（予約時に応相談）

ディナー料金の目安
1人あたり…1万円～

住 奈良市公納堂町10
☎ 0742-93-4405
営 12:00～13:30（LI）、18:00～20:30（LI）
休 不定休
P なし
席数 テーブル6席、カウンター7席
煙草 全席禁煙
予約 2日前までに要予約
カード 可（VISA、MASTER、AMEX、JCB）
※サービス料は別途要

http://acquapiano.com

近鉄奈良駅から徒歩15分、
JR奈良駅から徒歩20分

お昼のコース4500円より、焼物盛合せ。
マナガツオの柚香焼、芋栗、毛ガニ、バイ貝、茗荷、炒り銀杏

和の粋を極めんと、40年の境地が切り開く悦楽園

【日本料理】 学園前

小粋料理 味 万惣《まんそう》

主人の長田耕爾さんは、銀座、神戸、大阪、京都の名だたる名店を経て、故郷の奈良・学園前に店を開き早30年。「奈良の料理人の底上げをしたい」とジャンルの違う料理人を集めて講習会を開くなど、県内の料理人からの信頼も厚い。そんな主人の妙技を目の前で楽しもうと、常連客が決まって座るのがカウンター。お昼のコースは、定番の先付「ぼうず蒸し」に始まり、揚物、椀物、焼物など7～8品ほど供される。一流とはこういうこと。微に入り細に入り、匠の技が息づいている。

御歳、還暦。失礼ながら料理についての思いを問うと「最近ですね、ようやく料理がわかってきたのは。何作っても長田の形になってきた」。料理の奥深さ、底知れず。恐れ入りました。

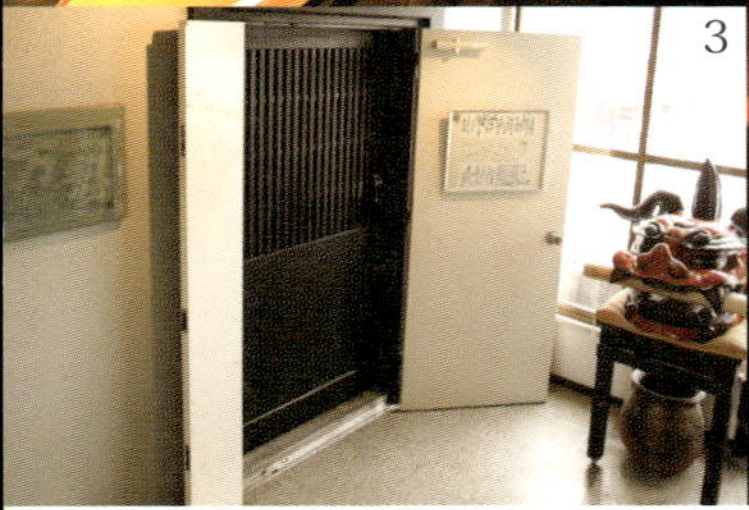

手前よりスッポンのお吸い物、子持ち鮎の酒蒸しと冬瓜、
茶碗蒸しの底にこのわたを入れた先付「ぼうず蒸し」

1)ご主人の長田耕爾さん。現役サーファーで、暇ができれば奄美大島まで波乗りに行くアクティブな一面も
2)テーブル席の間隔が広いのでゆったりと食事できる。カウンター席は要予約。テーブル席の個室も用意
3)ビルの2階にあり、隠れ家のような店構え。ミシュランガイドで一つ星を4年連続獲得する

他のランチメニュー

お昼のコース　6000円
※仕出し料理の注文も受け付けている(要予約)

ディナー料金の目安

1人あたり…1万円〜

住 奈良市鶴舞東町2-26 サンクレイン2F
☎ 0742-47-4966
営 11:30〜13:30、17:00〜22:00(LO)
休 不定休
P 6台
席数 テーブル16席、カウンター7席、個室3部屋
煙草 一部喫煙
予約 要予約
カード 可(VISA、MASTER、AMEX、JCB、その他)
※サービス料は別途要

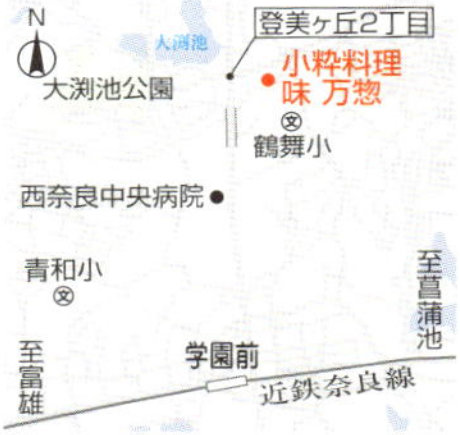

近鉄学園前駅から朝日町循環バスなど5分、「登美ヶ丘一丁目」下車すぐ

フレンチの名画に酔いしれる、地下のプロヴァンス

menu A 4000円より、温かい前菜「フォアグラのソテー パルメザンチーズ入りリゾットとともに」。ファンの多いシェフのスペシャリテ

【フランス料理】 近鉄奈良

ビストロ ル クレール Bistrot Le CLAIR

「２０００年のオープン時には、奈良駅前にフレンチはなかったんです」とオーナーシェフの吉崎公浩さん。新しいお店が進出してきた今も界隈のフレンチを牽引する人気店として、遠方から通う客足が絶えない。

フランス・プロヴァンス地方の山手をイメージしたという隠れ家のような店内は、オープンキッチンながら落ち着いた雰囲気。シェフの機敏な動きに目を奪われるが、ひとたび料理が運ばれてくれば、客の目は、華やかな料理に釘付けとなる。盛り付けの美しさもさることながら、正統なフレンチの中に、シェフの個性豊かな遊び心をプラス。一口味わえば、そのおいしさの虜になってしまう。今日もまた、舌の肥えたグルマンが階段を下り、扉を開ける。

3

1

2

4

5

1）アミューズは「富山湾内産甘エビとガスパチョ」。コースには4種類から選べるメイン料理、デザート2皿などが付く
2）冷たい前菜は「北海道利尻産ウニとカリフラワーのムース コンソメジュレ仕立て」。ウニが濃厚でクリーミー
3）店内はまるで、プロヴァンスの夜に紛れ込んだかのような雰囲気。店奥にはワインバーを併設（営業は夜のみ）
4）近鉄奈良駅6番出口のすぐ前。地下に降りていく階段が非日常の世界へといざなう
5）オーナーシェフの吉崎公浩さんはソムリエ。500種以上のストックの中から料理に合うワインをサーブしてくれる

他のランチメニュー
menu B　6000円

ディナー料金の目安
1人あたり…1万円～

※ワインバーCave de Moustache（カーヴ ドゥ ムスタッシュ）を併設

住 奈良市高天町48 森田ビルB1F
☎ 0742-27-6060
営 12:00～14:00、18:00～22:00
休 木曜
P なし
席数 テーブル20席、カウンター6席、個室1部屋
煙草 一部喫煙（個室のみ喫煙可）
予約 要予約
カード 可（VISA、MASTER、AMEX）
※サービス料は別途要

近鉄奈良駅から徒歩すぐ、JR奈良駅から徒歩11分

大和の伝統と大地の恵みを讃える、麗しき菜宴を

粟「収穫祭」御膳2900円のコースから、前菜かご盛り。
大和の伝統野菜を中心に、風味豊かな野菜料理を堪能できる

【日本料理】 ならまち

粟《あわ》 ならまち店

「料理の説明だけでなく、店にある野菜は、実物も見てもらいます」と店長の新子大輔さん。

大和芋、ひもとうがらし、大和まな、どいつ豆など、あまり一般には馴染みのない大和伝統野菜。そのおいしさと奈良の食材を広く紹介したいとの想いからオープンしたのが、「粟 ならまち店」だ。

本店である農園レストラン「清澄の里 粟」や近隣農家で大切に育てられた野菜を主役に、彩り豊かで滋味深い野菜料理に仕立ててくれる。

ランチの人気は、いいとこ取りの粟「収穫祭」御膳。30～40種類の野菜を使うが、露地栽培で味が濃いため、一品一品の主張が強く、野菜本来の味わいを堪能できる。赤身がおいしいと評判の大和牛が一緒にいただけるのも嬉しい。

1）外の喧噪をひとときを忘れ、風情ある坪庭をゆったりと眺められる座敷席。土蔵を改装したテーブル席もある
2）築130年の古民家を改装。格子戸の玄関を入ると、思いのほか長い土間が奥へ奥へと続き、趣のある和空間に誘う
3）料理長の村田豊明さん。フレンチ、イタリアンでの経験を持ち、和にとらわれない技法と色鮮やかな彩りが魅力
4）奈良のブランド牛である大和牛3種盛、吉野本葛あんかけ、天ぷら、椀物をはじめ、デザート、ドリンクも付く

他のランチメニュー

粟「ならまち店」お昼のフルコース　5000円
粟「大和と世界の野菜」コース　3900円
粟「大和牛と野菜」コース　3900円

ディナー料金の目安

1人あたり…4000円～

住 奈良市勝南院町1
☎ 0742-24-5699
営 11:30～15:00（LO14:00）、17:30～22:00（LO21:00）
休 火曜
P なし（近隣に有料駐車場あり）
席数 テーブル6席、座敷26席
煙草 全席禁煙
予約 要予約
カード 可（VISA、MASTER、AMEX、JCB、その他）

http://www.kiyosumi.jp/awa-naramachi/

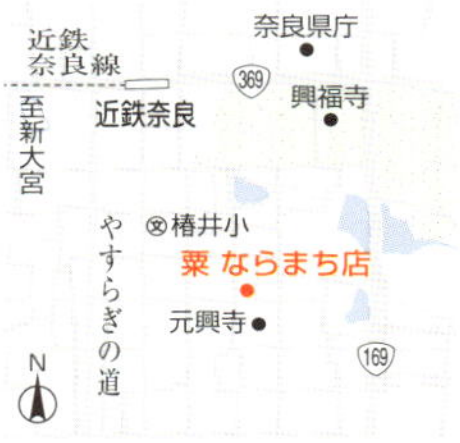

近鉄奈良駅から徒歩10分、
JR奈良駅から徒歩20分

3都市を巡る美食の旅は、奈良の地にて完結する

Lunch Di Oro 5250円より。メイン料理は肉または魚の数種類から選べる。この日はタラの白子のソテー、オリジナルのてりやきソース

【イタリア料理】 近鉄奈良

ペピタ ドーロ PEPITA D'ORO

同じ国でも地方によって文化や味付けは違う。ひとえに「イタリアで修業した」といっても、どの地域で何を学んだかは人それぞれ。今谷伸也シェフが渡り歩いたのは、食材の宝庫といわれるエミリア・ロマーニャ州、フィレンツェ、ローマ。3都市それぞれの特徴を自分の中で昇華させ、〝今谷流〟として仕上げる。

本来、イタリア料理はイタリア産の食材を使うが、奈良で作るイタリアンなら、地元・奈良のものを使うのがいい。それも自家栽培の野菜やハーブを使うのは、食材へのこだわりも込めて。魚は市場から旬のものを直接仕入れるから、鮮度は折り紙付きだ。時期によっては猪や鹿などのジビエも供されるが、こちらは事前に予約を。

1

2

3

4

1）格子戸から陽が差し込み、温かい雰囲気の店内
2）猿沢池からすぐの場所にあるが静かな佇まい。入口の前にはシェフの愛車が置かれている
3）一見強面だが料理は繊細。愛嬌たっぷりなオーナーシェフの今谷伸也さん
4）彩り美しい前菜盛合せ、パスタ、デザート。この日のパスタは、本マグロのトマトソースパスタ。スープやパンも付く

他のランチメニュー
Pasta Lunch　1600円
Lunch Di Bronzo
2500円
Lunch Di Argento
3700円

ディナー料金の目安
1人あたり…4000円～

住 奈良市今御門町28
☎ 0742-25-5533
営 11:30～14:30（LO13:30）、18:00～22:00（LO21:30）
休 月曜、火曜のランチ ※その他月に2回不定休
P なし
席数 テーブル20席、カウンター2席
煙草 一部喫煙（ディナーのカウンター席のみ）
予約 予約がベター
カード 可（VISA、MASTER、その他）

近鉄奈良駅から徒歩7分、JR奈良駅から徒歩15分

お座敷文化のゆかしき香りに、心華やぐ昼下がり

「今月のランチ」1800円（税込）より、炊き合わせ。
会話を邪魔することなく絶妙の間合いで供される

【日本料理】 近鉄奈良

つるや

昭和初期、200人もの芸舞妓で華やいだ花街、元林院（がんりいん）。しかし時代とともにその賑わいは影を潜め、芸妓の数も減り、今ではお茶屋もこちら一軒だけとなった。

女将の菊乃さんは、お座敷文化を守り継ぐ数少ない芸妓さんだ。「かつて華やかだった花街の雰囲気を味わいながら、芸舞妓の上質なおもてなしを体験してもらえるように」と、通常は会員しか利用できない空間を一般開放し、ランチを始めた。

和・洋・中と豊富な経験を積んだ料理長による品々は、バランスが良くて体にも優しい。茶筅で泡立てた香り高いエスプレッソは食後の余韻をより一層深めてくれる。

「いつも、おおきに」。世界遺産の真ん中、菊乃さんの微笑みが、花と舞う。

3

1

2

4

5

1）「今月のランチ」は月替わり。小鉢3種・炊き合わせ・強肴・焼物など充実の10品
2）食後の楽しみは、香り高いエスプレッソと甘味
3）「奈良には美味しいお店がたくさんあります。皆様、どうぞ奈良をご贔屓に」と菊乃さん
4）世界遺産・興福寺の南、猿沢池からすぐの元林院に立地
5）築70年のお茶屋を改装した店内。和が息づく落ち着いた空間で女子会・カップル・家族連れと幅広く人気

他のランチメニュー
3000円（税込）
5000円（税込）※1日1組限定
※いずれも前日までに要予約

ディナー料金の目安
1人あたり…1万4000円～（会員のみ。初回入会金別途要）

住 奈良市今御門町26-2
☎ 0742-22-5588
営 11:30～14:00、20:00～24:00（LO23:00）
休 月・火曜（ランチ）、日・月曜（夜）
P なし
席数 テーブル3席、カウンター7席
煙草 全席喫煙
予約 予約がベター
カード 不可
※夜は会員のみ利用可。詳細は下記ホームページにて

http://tsuruya.kikuno.net/

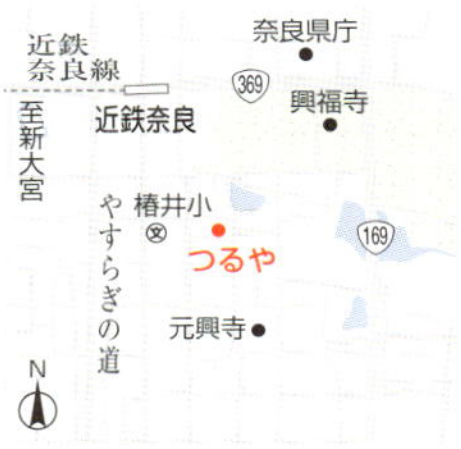

近鉄奈良駅から徒歩8分、JR奈良駅から徒歩15分

奈良が誇る麗しき迎賓館で、百年の伝統フレンチを

お昼の「春日野」5000円より。メインの肉料理、「国産フィレ肉のステーキ 茸を添えて マデラソース」

【フランス料理】 奈良公園

奈良ホテル メインダイニングルーム「三笠《みかさ》」

「いつか泊まってみたい」と奈良人も憧れる奈良ホテル。明治42年、「関西の迎賓館」として奈良公園内に誕生して以来、国内外の要人・文化人たちを最上級のもてなしで迎えてきた。そんな同ホテルの創業当時から続く伝統のフレンチをいただけるのがメインダイニングルーム「三笠」だ。

高い天井、壁にかかる絵画、歴史を物語る調度品。このクラシカルな雰囲気の中、お洒落に着物を着て、女子会をするのも素敵。ワンランク上のサーブに心ときめかせながら、フルコース仕立ての「春日野」を。料理長が胸を張る奈良ホテル自慢のソースは、食材の味と香りをしっかりと引き出し、どこまでも優美で奥深い。

オトナを酔わせる贅沢とは、こういうこと。

「春日野」には前菜、スープ、メイン料理（魚・肉）、デザート、コーヒーまたは紅茶が付く

1）料理長の杉谷光弘さん。「創業当時のクラシックな雰囲気を味わいながら、食事をお楽しみください」
2）窓から国宝・興福寺五重塔が一望できる重厚華麗な店内。ワインソムリエが常駐する
3）明治・大正時代を代表する建築家・辰野金吾の設計による本館。迎賓館時代を彷彿する佇まい

他のランチメニュー
飛火野　7000円
こまどり　4500円
八重桜　3800円

ディナー料金の目安
1人あたり…1万円〜

住 奈良市高畑町1096 奈良ホテル 本館1F
☎ 0742-26-3300
営 ランチ11:30〜15:00（モーニング7:00〜9:30、ディナー17:30〜21:00）
休 無休
P 150台
席数 テーブル130席
煙草 全席禁煙
予約 予約がベター
カード 可（VISA、MASTER、AMEX、JCB、その他）
※サービス料は別途要

http://www.narahotel.co.jp/

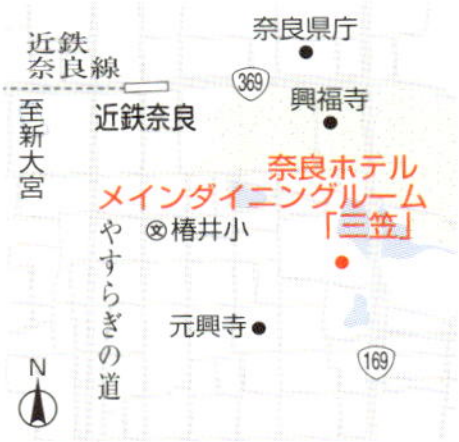

近鉄奈良駅から徒歩15分、
JR奈良駅から徒歩25分

「ハレのランチコース」5400円より、ズッキーニと花ズッキーニ
魚介とフレッシュトマトのパスタ。内容は月替わり

流麗なエスプリで魅せる、古都のテロワール

【イタリア料理】 奈良公園

リストランテ イ・ルンガ

イタリアと日本でミシュランの一ツ星を獲得した、オーナーシェフの堀江純一郎さん。まさにスター・シェフの料理を目当てに、東京、北海道など遠方からもゲストが訪れる。

大和野菜をはじめ、奈良のテロワールを大切に、自ら国内外の産地へ出向き、素材を厳選。イタリア修業で培った技術と感性で、美食の粋を極めた「都の料理」が供される。

そのエスプリを凝縮したランチコースは、前菜に始まり、プリモはパスタかリゾット、メインは魚か肉料理を選択。ドルチェに至るまで、ボリュームはあるが、気持ちの良い満腹感。「午後の予定に差し支えないよう、野菜の使い方に工夫しています」と堀江シェフ。その心遣いが、最高のもてなしに貫かれている。

3

1

2

4

5

1)メインは庄内牛のローストに大和まなと北海道の熟成ジャガイモ
2)この日のドルチェは洋梨のムースとコンポート
3)庭園を望むメインダイニング。調度品やカトラリー、サービスなど細部に至るまで、非日常の時間と空間を演出
4)築200年の武家屋敷を改装。築地塀に囲まれた格式ある建物が、奈良を代表するリストランテの風格を感じさせる
5)オーナーシェフの堀江純一郎さん。ピエモンテの伝統的な郷土料理をベースに、手間ひまをかけて素材を活かす

他のランチメニュー
なし

ディナー料金の目安
1人あたり
…1万5000円〜

住 奈良市春日野町16 夢風ひろば
☎ 0742-93-8300
営 11:30〜13:30(LO)、18:00〜20:00(LO)
休 不定休
P 68台
席数 テーブル24席、個室3部屋
煙草 全席禁煙
予約 要予約
カード 可(VISA、MASTER、AMEX、JCB、その他)
※サービス料は別途要

http://i-lunga.jp

近鉄奈良駅から徒歩12分

ハレの日を華やかにことほぐ、懐石仕立ての中国料理

1万円のコースより、伊勢海老の辛味炒め。四川の唐辛子や粒山椒を使い、にんにく・ネギ・生姜で甘酸っぱいソースに仕上げる

【中国料理】 ならまち

とち 中国料理 杤

ならまちの片隅に佇む、隠れ家的な中国料理店。メニューはおまかせのコースのみ。その日の天然食材しか扱わないこだわりゆえだが、予約時に相談しながら内容を構成できる。

今日は記念日のお祝いで妻を同伴。格子戸の扉を開け、一枚板のカウンター席へ通される。奥には落ち着いたテーブル席もあるが、おすすめはこちら。清潔なオープンキッチンが広がり、妻は活きのいい食材を店主に見せてもらい、それらが次々と見事な料理に仕上がるライブショーに驚きの様子。

料理は大皿盛りではなく、懐石のように美しい器に一皿ずつ。ボリュームはあるが、あっさりとした味わいで心地良い余韻。「次は家族で」と、記念日の定番になりそうだ。

1）奈良格子をはじめ、町家の意匠が残る和空間。人数に寄って椅子の配置を変えることができるテーブル席もある
2）町家を改装し、ひっそりと街並みに溶け込む外観。一見して店舗とわかりにくいため、より隠れ家的な趣を増す
3）オーナーシェフの杤康憲さん。宇治で18年、ならまちで18年、中国料理店を営む。調理学校の特別講師も務める
4）前菜2品。クラゲの頭の和え物と大和肉鶏の蒸し鶏。メインに和牛のサーロインなども付く

他のランチメニュー
6000円コース
8000円コース

ディナー料金の目安
1人あたり…1万円～

住 奈良市鵲町15-3
☎ 0742-27-2600
営 12:00～14:00、17:00～22:00（時間は予約時に応相談）
休 不定休
P 4台
席数 テーブル10席、カウンター6席
煙草 全席喫煙
予約 要予約（2日前まで）
カード 可（VISA、MASTER、AMEX、JCB、その他）
※サービス料は別途要

http://www.to-chi.com

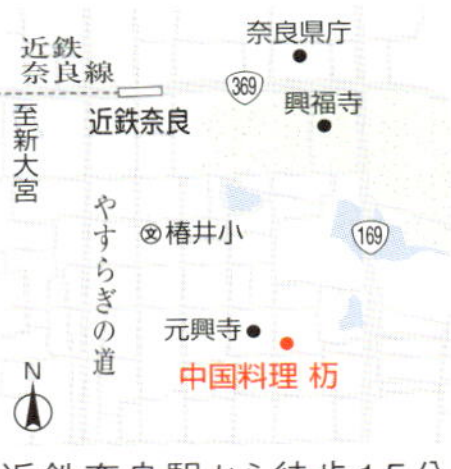

近鉄奈良駅から徒歩15分、JR奈良駅から徒歩20分

色とりどりのエレガンスを散りばめた、隠れ家の一皿

DEJEUNER C　5800円より、シェフのおすすめ料理4品からの1品「自家菜園の野菜と甘鯛の燻製」。まるでアートのよう

【フランス料理】　学園前

ラ・カシェット Le Cachette

店名は、フランス語で「小さな隠れ家」。3年連続ミシュランガイド一つ星を獲得するフレンチの名店は、学園前の閑静な住宅街によく馴染む。

供される料理は、お皿をパレットに見立て、まるで絵画のよう。前菜、大和肉鶏の上にイクラを添えた華やかなリゾット、フルムダンベール（ブルーチーズ）のソースが鴨の旨みと絶妙に絡む「シャラン鴨のロースト」など、五感に訴え、心に深く刻まれる逸品ばかり。

フランスをはじめ、東京、京都、新潟、徳島と全国で修業を重ねたシェフが、エスプリの効いたアイデアで、伝統的なフレンチをさらに高みへと。評判が人を呼び、店を出る頃には誰もが満足度の高さを口にする。裏切らないおいしさがここにはある。

3

1

2

4

5

1）シェフのおすすめ料理4品からの1品「ヨーロッパ産キノコと大和肉鶏のリゾット」。イクラを添えて華やかな一皿に
2）メイン料理「シャラン鴨のロースト フルムダンベールソース」。他にチーズまたはアヴァンデセール、デザートなどが付く
3）クラシックで落ち着いた雰囲気。もてなしは温かく居心地がいい
4）住宅街に佇む一軒家レストラン
5）父親の自家菜園や契約農家の野菜を使い「安全でおいしいものを食べていただきたい」とオーナーシェフの吉岡高政さん

他のランチメニュー
DEJEUNER A
2800円
DEJEUNER B
4200円

ディナー料金の目安
1人あたり…5800円～

住 奈良市西登美ヶ丘5-3-5
☎ 0742-45-2339
営 11:30～14:00、17:30～21:00（LO）
休 月曜
P 5台
席数 テーブル24席、個室1部屋
煙草 全席禁煙
予約 要予約
カード 不可（ディナーは可／VISA、MASTER、AMEX、JCB、その他）
※サービス料は別途要

近鉄学園前駅から学研北生駒駅方面行きバス12分、「西登美ヶ丘五丁目」下車すぐ

大和いも
表皮は黒く、ゴツゴツしたこぶしのような形。肉質が緻密で粘り気が強く、味は濃厚。「とろろ」や「落とし汁」で使われることが多い。（写真提供／粟）

大和まな
アブラナ科の一種で、古事記に記された「菘菜（あおな）」だとも言われている。葉は小松菜に大根葉の切れ込みが入ったよう。柔らかく、甘みがある。

奈良・伝統の食文化 その1

大和野菜

伝統と作り手のこだわりが凝縮

　奈良県が特産品として認定する県産野菜のブランド。戦前から県内で作られ、味や形などに特徴がある「伝統野菜」18品と、手間暇かけた栽培で味や栄養価を増した「こだわり野菜」5品から成る。作るのが難しい、日持ちしないなどの理由で生産者が減っていたが、おいしさを見直そうと2005年に認定制度をスタート。栽培や輸送技術の向上で県外でも食べられるようになり、今や一部は高級食材として京都や東京の料亭に卸されるほどの人気を呼ぶ。

　古事記に出てくる「菘《すずな》」が起源という青菜「大和まな」や、観世能発祥の地・川西町結崎に室町時代、翁の面と共に

大和まなの収穫

「粟ならまち店」の野菜たち

片平あかね

根の先まで鮮やかな赤色の蕪。山添村片平地区で古くから栽培されてきた。主に甘酢漬けにして食されるが、サラダの彩りにするのもいい。（写真提供／粟）

紫とうがらし

ナスを思わせる紫色で、熱を加えると緑色に変化する。辛みはなく、赤く完熟すると甘味が増す。佃煮のほか炒め物や揚げ物にも最適。（写真提供／粟）

空から降ってきたという伝説があるネギ「結崎ネブカ」など、来歴も、古都ならでは。

春夏秋冬うまいものあり

お浸し、煮物、漬物にと重宝される濃緑色の大和まなは、冬の寒さで甘みを増す。同じく冬が旬の結崎ネブカは煮炊きすると甘みが引き立ち、すき焼きや鴨鍋の主菜として、とろっとした濃厚さを堪能したい。

夏には、皮が軟らかくて甘い「ひもとうがらし」の天ぷらか、ピリリと辛い小しょうがを甘酢に漬けて。パリッとした食感の半白きゅうりを、形と茜色が個性的なカブ「片平あかね」と合わせたサラダも涼味を誘いそうだ。

春から秋口にかけて出荷される大和丸なすは、柔らかながら肉質が締まって煮くずれしにくく、焼いても炊いても美味。

季節ごとに舌や目を楽しませてくれる大和野菜。かの文豪も今なら、「奈良にうまいものなし」とは言わないだろう。

大和の野菜を味わえる店・3選

粟ならまち店
→P16

日本料理 川波
→P66

旬の野菜レストラン 農悠舎王隠堂
→P122

ランチ「PRANZO B」4000円より、この日のメインはペースト状にした猪肉を網脂で包み焼きしたもの。薫り高い旨味に驚かされる

思い出の町で紡ぐ、幸せな出会いのプランツォ

【イタリア料理】 ならまち

リストランテ リンコントロ Ristorante L'incontro

北海道からＢＯＹＡファームの羊、都祁村の猟師からは猪や鹿を。オーナーシェフの西岡正人さんが扱うのは、直接会った生産者から取り寄せる食材のみ。来店に合わせて最高の状態で提供したいと、メニューは基本、おまかせのみだ。

豚や牛を１頭買いし、自ら解体して生ハムやサラミまで作るシェフは、そういない。部位を選ばない調理技術と大胆な発想が、驚きの味わいを紡ぎ出す。冬は猟師として自ら鴨撃ちに行くなど、食材への探究心は筋金入り。

「祖母が暮らした奈良町は、子どもの頃よく遊んだ町。ここに店を出すのが夢でした」。人の縁に感謝を込めて、店に冠した名はイタリア語で「出会い・巡り合わせ」。食と語らいを楽しめるひと時が、ここにある。

1

2

3

4

1）カウンター席奥のテーブル席からは、町家ならではの坪庭が望める
2）築100年の古民家を改装した店。富雄で人気の「トラットリア ラ クロチェッタ」に続く2号店
3）オーナーシェフの西岡正人さんは屋外イベントにも積極的に出店。出会いを心から楽しんでいる
4）明石の真ダコと富山の渡り蟹を煮込んだ濃厚なソースが絡むパスタ。前菜盛り合わせは「PRANZO A」より

他のランチメニュー
PRANZO A　2500円
PRANZO C　6000円

ディナー料金の目安
1人あたり…6000円～

住 奈良市薬師堂町9
☎ 0742-26-8959
営 11:30～14:30、18:00～22:00
休 水曜
P なし
席数 テーブル3席、カウンター8席
煙草 一部喫煙（中庭のみ）
予約 予約がベター
カード 可（VISA、MASTER、AMEX、JCB、その他）
※初回の注文はコースのみ。2回目以降はカウンターに限り、アラカルトにも応じる

http://crocetta.nara.jp/wp/

近鉄奈良駅から徒歩20分

ミニ懐石2900円より焼八寸。サワラの味噌幽庵焼き、いくらのみぞれ和え、松茸の寿司など味わいも彩りも豊か

座して吉を呼び込む、幸せの懐石

【日本料理】 近鉄奈良

きちざでんえもん 御料理 吉座傳右衛門

町家を改装した、坪庭に格子窓がある風情豊かな店構え。「吉が座った方に訪れますように。伝わりますように」との願いが込められた縁起のいい店名で、昼時には、向かいの率川神社や近くの伝香寺を参拝した女性客も多く来店し、華やいだ雰囲気に。

供されるのは、奈良はもとより、日本各地の旬味を活かした逸品料理の数々。産地直送の米を特製「かまど」で炊き上げ、新鮮な海の幸・山の幸を使った優しい滋味に満たされる。

おすすめは、ランチ限定でいただける「ミニ懐石」。先付、煮物椀、焼八寸から季節の炊き込みご飯まで、料理人たちの技のもてなしに舌鼓。有田や美濃、古伊万里などの器を愛でながら、ゆるり午後のひとときを過ごしたい。

1）1階は料理人とのやりとりも楽しいカウンター席に坪庭が眺められるテーブル席。2階は広い座敷や個室がある
2）風情豊かな町家造りに格子窓が古都の雅を感じる。斜め向かいの率川神社、近隣の伝香寺に店名の由来を持つ
3）店長であり料理長を務める武村等さん。食材の持ち味を大切に、誰もが気軽に楽しめる懐石料理の粋を披露する
4）昼のみ要予約でいただけるミニ懐石。お造りや煮物椀など、夜の懐石コース「梅」3800円と同等内容でお得と人気

他のランチメニュー

吉座御膳　1320円
百草膳　1850円
比内地鶏の親子丼
1320円
稲庭うどん　1200円

ディナー料金の目安

1人あたり…3800円～

住 奈良市本子守町5-1
☎ 0742-24-4700
営 11:30～15:00（LO14:00）、17:30～22:00（LO21:00）
休 不定休
P 2台
席数 テーブル1階12席・2階8席、カウンター10席、座敷25席、個室4部屋
煙草 一部禁煙
予約 予約がベター
カード 可（VISA、MASTER、AMEX、JCB、その他）

http://kichiza.com

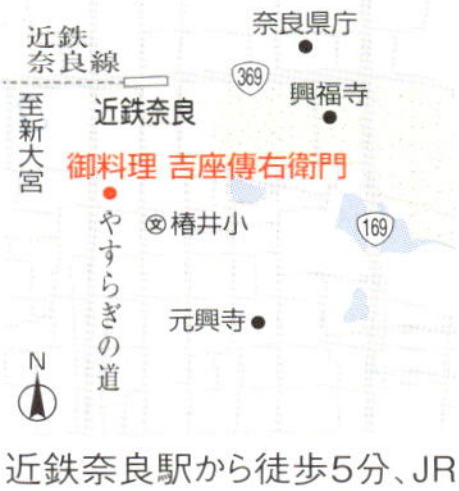

近鉄奈良駅から徒歩5分、JR奈良駅から徒歩10分

昼はステーキハウス、夜は食道楽や粋人の隠れサロン

ランチコース2800円（税込）より。肉は50gで、予約時に伝えれば量を増やすこともできる（g数によって金額が変わる）

【肉料理】 新大宮

ステーキ伊達《だて》

オープンして16年。その間、店主の伊達 朗さんが耳にしたのは、「肉はいいものを。多くはいらない、少しでいい」というお客の声だった。

「ランチコース」のオープニングを飾るのは、焼いたカチョカバロチーズ、お造り、魚料理。その興奮冷めやらぬうち、牛肉が焼野菜を伴い登場。鉄板のステージ上で香ばしい音を立てる。頬張ると、旨みの塊は口の中でとろけ、体中に広がった。量より質。歳を重ねるほど、そちらが嬉しい。

この伊達さん、昼は「お客さん同士で会話を楽しむもの」と黒子に徹するが、夜は一変。「お客さんの会話に積極介入し、みんな巻き込んで、ワイン片手に夜を盛り上げます」とにやり。なるほど、食道楽や粋人が惚れ込むわけだ。

1）ワイン愛飲家の店主、伊達 朗さん。店には常時250種ほどのワインを置き、不定期でワイン会も行っている
2）数店舗の飲食店が入るビルの1階に構える
3）席は鉄板を囲むカウンターのみ
4）お造り3種盛りと、蕪ブイヨンで作ったキノコリゾットに鯛のポワレをのせ、ブールブランソースをかけた魚料理

他のランチメニュー
なし

ディナー料金の目安
1人あたり…1万円〜

住 奈良市法蓮町412-1 エステート1 102
☎ 0742-23-1600
営 11:30〜、17:00〜 ※昼は人数限定
休 火曜
P 2台
席数 カウンター13席
煙草 全席喫煙
予約 要予約
カード 不可（夜は可／VISA、MASTER、AMEX、JCB、その他）

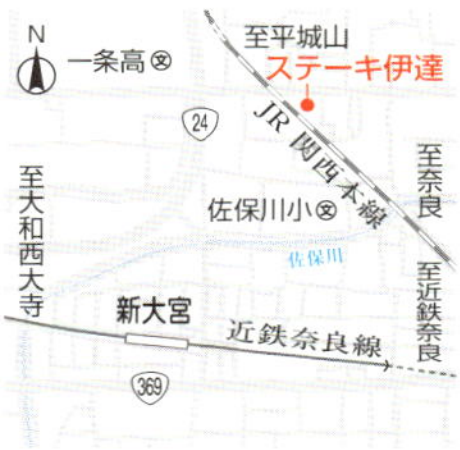

近鉄新大宮駅から徒歩13分

築160年の趣きある町家で、心尽くしの創作フレンチを

「特選 昼の御献立」4430円（税込）より、黒毛和牛のロースト。白ワインにポン酢を合わせた和洋折衷のソースでさっぱりと。メニューは月替わり

【フランス料理】 ならまち

オモヤ french o·mo·ya

人気のならまち散策。グルメの楽しみも広がるが、町家フレンチとして評判なのが、こちら。築160年の趣きある町家で、地元奈良の新鮮な食材や和のテイストを取り入れた、創作フレンチをふるまう。

日頃から慣れ親しんだ箸がサーブされ、器には信楽焼を用いるなど、フランス料理への敷居を低くし、幅広い年代の方が気兼ねなく料理を味わえるよう配慮されている。

ゆっくりと食事を楽しんでほしいとの思いから、すべてコース料理のみ。おすすめは、メインに魚と肉料理が付く「特選昼の御献立」。肉は黒毛和牛を使用し、すべて箸で食べやすいようカットしてある。デザートも多彩で、おいしいものを少しずつ、たくさんという願望を叶えてくれる。

特選食材を使った前菜より、赤海老と小柱の燻製。
魚・肉料理ともに付く贅沢なコースで、多品種のデザートも人気

1）蔵を利用した個室は8名まで。掘りごたつなので、ゆったりとくつろぎながら食事が楽しめる
2）数寄屋造りの店内は、網代天井にライトの演出が映える和モダンな食空間。どの席からも中庭の緑が眺められる
3）築160年、江戸末期に建てられたという元廻船問屋所有の町家を改装。往時を偲ばせる門構えに、気分も高揚する

他のランチメニュー

プレートランチ
1800円（税込）
昼の御献立
3350円（税込）

ディナー料金の目安

1人あたり…5000円〜

住 奈良市公納堂町11
☎ 0742-21-7500
営 11:00〜16:00（LO14:30）、17:00〜22:00（LO20:30）
休 月曜（祝日の場合は翌日）
P なし（近隣に有料駐車場あり）
席数 1Fテーブル39席、2F掘り炬燵16席、個室1部屋
煙草 全席禁煙
予約 予約がベター
カード 可（VISA、MASTER、AMEX、JCB、その他）

近鉄奈良駅から徒歩15分

http://www.secondhouse.co.jp/nara.omoya.htm

「まほろば会席」5250円より、鰻の小鍋仕立て。
鰻の皮は香ばしく、身はふっくら

時の流れが緩まる、まほろばの隠れ家

【日本料理】 奈良公園

江戸三《えどさん》

明治40年創業。以来、奈良公園の中にある料理旅館として、多くの文人・墨客に愛されてきた。数奇屋造の客室は天井板や壁、意匠に至るまで、ほぼ創業時のまま。全室離れになっているので、気兼ねなく、大切な人との食事をゆったり楽しめる。聞けば数十年来の常連客もいるのだとか。

供されるのは、11品から成る心尽くしの会席料理。各地で採れた質の高い食材を用い、「女性に元気になってもらいたい」と願って盛り付けられた料理は、美しく滋味深い。

ことん。小さな音を立て、こけら葺きの屋根にどんぐりが落ちた。障子戸を開けると、鹿がすぐそこまで遊びに来ている。ここは古都の深み。いつもと違う、まったりとした時の流れに、心も緩む。

3

1

4

2

5

1）まほろば会席よりお造りと焼物。ほかデザートを含め11品。コースは月替わり
2）鹿児島牛の朴葉味噌焼き。奥は先付と油物
3）客室係の前田美景さん。「静かな空間で、ゆったりとした奈良のひとときをお過ごし下さい」
4）かの志賀直哉もたびたび食事に訪れた客室、影向（ようごう）
5）離れは全8室。影向のほか、鉦鼓（しょうこ）、縁由（えんゆ）、魚鼓（ぎょく）など風情ある客室名

他のランチメニュー
会席料理　8000円～
若草鍋　8000円～

ディナー料金の目安
1人あたり…1万円～

住 奈良市高畑町1167
☎ 0742-26-2662
営 11:30～14:30、17:00～21:00
休 無休
P 10台
席数 個室8部屋
煙草 全席喫煙
予約 要予約
カード 可（VISA、MASTER、AMEX、JCB、その他）
※サービス料は別途要（「まほろば会席」を除く）

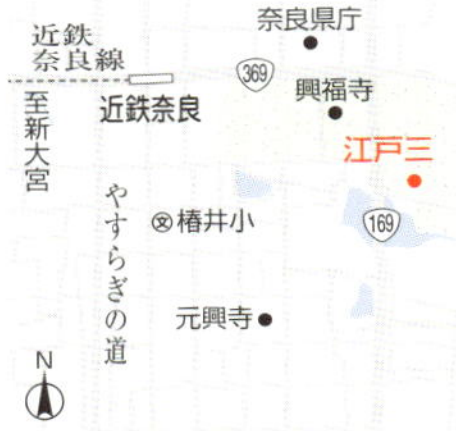

近鉄奈良駅から徒歩15分、
JR奈良駅から徒歩25分

http://www.edosan.jp/

PranzoC 3090円（税込）より、メインの肉料理。
この日は鳥取県産の夏鹿の骨付きロースと内臓のグリルミスト

小さなキッチンから伝わる温もりは、料理に会話に

【イタリア料理】 西大寺

ラ クチネッタ ヤマオカ La Cucinetta Yamaoka

オープンは山岡孝四郎さんが24歳のとき。カウンター10席のこぢんまりとした空間だが、料理からサーブまで1人で切り盛りするにはちょうどいい。店の名に、イタリア語で〝小さなキッチン〟を意味する「ラ クチネッタ」と冠する。

PranzoCは、前菜盛り合わせにパスタ2種、メイン料理と、小躍りしたくなるほどリッチな内容。料理はすべておまかせだ。「内容はオーダーを受けてから、その時のフィーリングで決めています」。これまでずっと、間近でお客を見てきたからこそ、胸を張って勧められる。

独立から8年、「いい意味で〝ちょうどいい〟店でありたい。自分の中で辻褄の合う店を目指しています」。小さなキッチンは、日々深みを増す主の、大きな温もりに満ちている。

1）テーブル席は1つで、カウンターがメイン。カウンターも壁もすべて木でできているので温もりがある
2）木の格子がおしゃれな外観。イタリア国旗やワインボトルを目印に
3）「うちに求めてくれるものを提供していきたい」とオーナーシェフの山岡孝四郎さん
4）前菜盛り合わせ、自家製フォカッチャ。この日のパスタは「ビュルゴー家シャラン鴨コンフィのアマトリチャーナ」

他のランチメニュー

Pranzo A
1550円（税込）
Pranzo B
2060円（税込）

ディナー料金の目安

1人あたり…5000円〜

住 奈良市西大寺小坊町8-4
☎ 0742-44-8250
営 12:00〜14:30（LO14:00）、18:00〜21:30（LO）
※「PranzoC」は〜13:30（LO）
休 水曜、第4火曜
P 1台
席数 テーブル4席、カウンター6席
煙草 全席禁煙
予約 予約がベター
カード 不可

http://www.lacucinettayamaoka.com

近鉄大和西大寺駅から徒歩4分

森に浮かぶ瀟洒なテラスで、四季折々のフレンチを

4300円（税サ込）コースより、メインの肉料理。真空にして低温でゆっくりと火入れした丹波地鶏のロティ。奈良・五條の根菜を添えて

【フランス料理】 奈良公園

ラ テラス La Terrasse

エントランスを抜けると、森の緑に囲まれたテラス席が現れた。目の前には萌える若草山、眼下には愛らしい鹿の姿。さっきまでの日常が遠くなり、まるで異国の古城に招かれたよう。

店内はサンルームになっていて、ガラス張りの天井から陽光が降り注いでいる。オープンキッチンから聞こえる料理の音、ご馳走の香りに心躍らせていると、お待ちかねの「ランチフルコース」が運ばれてきた。

大阪の名店で腕を磨いた高田シェフによる、季節感たっぷりのフレンチ。知らず知らず頬が緩む。野菜は奈良の契約農家から仕入れた朝採れだとか。

食後のデザートとコーヒーはテラス席へ。世界遺産を望む森の中で、私は今日、魔法のランチタイムを味わった。

1

2

3

4

5

1）オープンテラスは当日予約でもOK。喫茶だけの利用もできるので、カフェ使いするのも贅沢
2）店内から天井を突き抜けて大きな桜の木が茂り、春になると頭上を満開の桜が覆う
3）結婚式場「ザ・ヒルトップテラス奈良」の敷地内にある一軒家レストラン
4）シェフの高田和明さん。「季節感を大切にしたい」と野菜をふんだんに使用。契約農家で野菜の収穫を手伝うことも
5）前菜は、本マグロの中トロと奈良県産卵の温泉卵 アンチョビのクリームを添えて。奥はアミューズ。内容は月替わり

他のランチメニュー

ランチフルコース
6500円（税サ込）

ディナー料金の目安

1人あたり
…1万2000円～

住 奈良市春日野町98-1
☎ 0742-27-0556
営 11:00～16:00（LO14:00）、18:00～20:00（LO）
休 火曜・不定休（祝日の場合は営業）
P 60台
席数 テーブル40席、個室あり（要相談）
煙草 一部喫煙（テラスのみ喫煙可）
予約 予約がベター
カード 可（VISA、MASTER、AMEX、JCB、その他）

http://laterrasse.jp

近鉄奈良駅から春日大社本殿行きバス8分、終点下車、徒歩5分

炭火を笑顔で取り囲む、至福の大人空間

「大和牛炙りコース」5000円。肉は店主が脂の旨みにこだわって吟味。野菜も地元・大和高原産のとれたて

【肉料理】 ならまち

囲炉裏ダイニング たなか

その店構えに大人の探究心をくすぐられ、ずっと気になっていた。足を踏み入れると、和が香るモダンダイニングに、囲炉裏テーブルが優しい木の温もりを湛えている。

「大和牛炙りコース」を頼む。大皿にちょこんと盛られた前菜はみな美しく、ついつい迷い箸。お待ちかねの大和牛は、きめ細やかな赤身に白雪のような霜降り。備長炭にかざし、脂が溶け出して表面が艶やかになるのを楽しみつつ、じっくり炙る。こうしていると祖母の家にあった火鉢を思い出し、懐かしい気持ちになる。炙り立てをタレにつけて頬張る。口の中でとろけ、旨みがじゅわっと。うっとりするほどの口福に目を細めてしまう。

まさに肉料理の割烹。奈良にこんな店が欲しかった。

1)コースには炙り(肉・野菜)のほか、前菜、豆腐料理、有機野菜サラダ、牛しぐれご飯、デザートなどが付く
2)大和牛(左からハネシタ・ヘレ・ミスジ)と丹波の黒鶏。最高クラスの黒毛和牛を楽しめる
3)「自然の恵みを素朴に味わって笑顔になってください」と店主の田中勇次郎さん。気さくな人柄に、会話も弾む
4)陽光が差し込む、落ち着いた雰囲気の店内。店主のさりげない意匠があちらこちらに。特にトイレは必見
5)世界遺産・元興寺のすぐ前に立地。ならまちの観光にも便利で、東京からのリピーターも多い

他のランチメニュー

ランチプレート　2000円
ランチプレート(デザートセット付)　2500円
ヘレかつサンドセット　2000円
ヘレかつサンドセット(デザート付)　2500円

ディナー料金の目安

1人あたり…7000円～

住 奈良市鵲町6-11 カーサ奈良町1F
☎ 0742-23-0541
営 12:00～14:00、17:00～22:00(LO21:30)
休 火曜(祝日の場合は営業)
P 2台
席数 テーブル12席、カウンター5席、座敷14席
煙草 全席喫煙
予約 予約がベター
カード 可(VISA、MASTER、AMEX、JCB、その他)
※「大和牛炙りコース」の炙りの肉は日によって変わる場合あり

http://irori-tanaka.com/

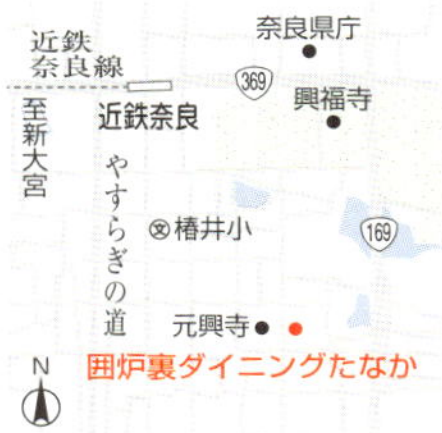

近鉄奈良駅から徒歩15分、JR奈良駅から徒歩20分

女性の嬉しい願いを叶えてくれる、階上のフレンチ

「リヨンコース」5000円より、仔羊のロース肉、サーモンマリネと剣先イカのタルタルなど前菜3種チョイス盛

【フランス料理】 **近鉄奈良**

ビストロ・ド・セラヴィ Bistro de C'est La Vie

駅前の賑わいを抜け、小気味よく階段を昇る。ガラス張りの扉を開けると、心地良いシャンソンとマダムの笑顔がお出迎え。リヨンコースは好きな前菜を3種、メインの肉料理も選べるのが嬉しい。友人たちとシェアするから、結局は全種類を楽しむわけだが。

「自分が食いしん坊なので」とはシェフの弁。前菜でこのボリューム！全体にバルサミコ酢やシェリー・ワインビネガーなど、エッジが効いているため重く感じない。野菜たっぷりで、バターもあまり使わないそう。

おしゃべりに興じながら、マダム特製のデザートまでペロリ。おいしくてヘルシーで、彩りも美しいフレンチを心ゆくまで味わう。そんな贅沢な午後のひとときを、もう少し楽しみましょう。

1）落ち着きと上質を感じさせる店内。リラックスして食事を味わえるアットホームな雰囲気もビストロならでは
2）駅近グルメを気軽に楽しめる商業施設「な・ら・ら」2階。アクセスの便利さで幅広い世代のゲストが訪れる
3）オーナーシェフの土川直さん。一流フレンチで修業後、独立。手間ひまをかけた、一期一会の料理を提供する
4）肉料理はシャラン産の鴨肉のロースト、魚はイトヨリダイのソテーに鮑のムニエル。スープ、デザートが付く

他のランチメニュー

ムランコース　2000円
ルーアンコース　3000円

ディナー料金の目安

1人あたり…5000円〜

住 奈良市小西町21-1 な・ら・ら2F
☎ 0742-26-0141
営 11:00〜14:00（LO）、18:00〜20:30（LO）
休 月曜
P なし（近隣に有料駐車場あり）
席数 テーブル18席、カウンター6席
煙草 全席禁煙
予約 要予約
カード 可（VISA、MASTER、AMEX、JCB、その他）
※サービス料は別途要（現金払いの場合は不要）

http://cestlavie7.wix.com/value4455

近鉄奈良駅から徒歩1分、JR奈良駅から徒歩12分

2200円（税込）より、ほうじ茶ご飯。
炒った大豆とじゃこを入れ、ほうじ茶で炊き上げる

大和茶の馥郁たる香りに、心洗われるほっこりランチ

【創作料理】 田原

ゆうちゃあん 竹西農園 遊茶庵

竹西農園は、大和茶生産地の一つ、奈良市田原地区で、江戸時代から続く茶農園。無農薬有機栽培の茶にこだわり、安全で安心なお茶を生産する。現・5代目主人の奥様・竹西多香子さんが、お茶の楽しみ方を多くの人に伝えたいと開いたのが、日本茶カフェ「遊茶庵」だ。

こちらでは、自家農園の茶葉や無農薬野菜を使ったランチを提供。薪をくべて羽釜で炊いたほうじ茶のご飯をはじめ、芋饅頭のあんかけやナスの胡麻煮、塩麹で味付けた掘りたて人参の蒸し煮など、その日収穫した旬の野菜をたっぷり使った手作りのおかずが、数品付く。その滋味深さに、体の内側から綺麗になっていくよう。茶畑が広がるのどかな風景を見ながら、心の休息をしませんか。

1）エビ入りのひろうす、カブと四角豆の味噌汁など。収穫野菜によって内容が変わる。デザートにほうじ茶ゼリーが付く
2）週末はカフェ使いができ、予約なしでお茶とスイーツが楽しめる。水まんじゅうセット600円
3）茶畑を見ながら日常を忘れ、のんびりと。長居する方が多いというのもうなずける
4）町家を改築したかのような素敵な建物。お茶の販売も行う（上ほうじ茶80g700円など）
5）店主の竹西多香子さんは日本茶インストラクターで、煎茶美風流の総師範。不定期で煎茶道の教室も行う

他のランチメニュー
なし

ディナー料金の目安
なし

住 奈良市中之庄町458
☎ 0742-81-0383
営 11:30～17:00
休 不定休
P あり
席数 テーブル20席
煙草 全席禁煙
予約 2日前までに要予約（料理は4人以上から受付）
カード 不可

http://www.yamatocha.net

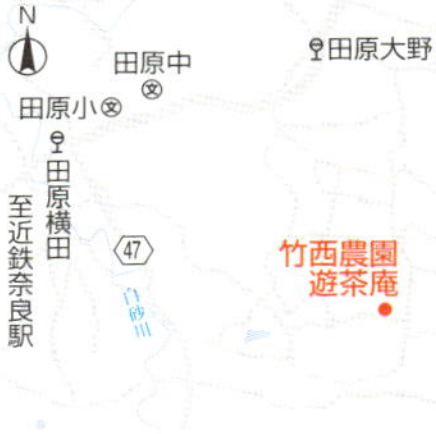

JR・近鉄奈良駅からタクシーで30分

茶飯
炒った大豆を入れ、ほうじ茶や煎茶で炊き込んだご飯。茶粥と同様、古くから僧坊で食されていたとみられる。「竹西農園 遊茶庵」

奈良・伝統の食文化

その2

大和茶

空海がもたらしたお茶の種

栽培の起源は平安時代の８０６年。空海が唐から持ち帰った茶の種を、弟子の堅恵《けんね》が佛隆寺の境内にまいたのが起こりとされる。宇陀市にある寺には今も茶の木が残り、「大和茶発祥伝承地」と刻まれた石碑が建つ。

現在、大和茶の栽培は、この宇陀市をはじめ奈良市東部、天理市、山添村にまたがる大和高原と、吉野川沿いの大淀町、東吉野村が中心。朝晩の気温差が激しく、霧がしばしば発生する冷涼地は、温暖地原産の茶が育つぎりぎりの環境。じっくりと時間をかけて成長することで質が高まり、二煎、三煎まで美味しく飲める薫り高い大和茶になる。適温

「大和茶発祥伝承地」の石碑

奈良市田原地区の茶畑

茶粥
郷土食として奈良人に親しまれる。粘り気がなく、さらりとしているのが特徴。左は「懐石料理 円」、右は「塔の茶屋」

まで冷ました急須のお湯に、他府県産銘柄より少し長めに浸すのが、うまみを存分に引き出すコツ。

大和の朝は、茶粥で明ける

意外に思えるかもしれないが、実は奈良は茶の生産量が全国7位。煎茶、番茶を中心に、飲むのはもちろん、「茶粥」として食べられてきたのも〝お茶どころ〟ならでは。「大和の朝は茶粥で明ける」という言葉があるほど伝統食として浸透しており、起源は定かではないが、僧坊の斎食《とき》に始まり、少なくとも江戸時代には庶民の間に広まっていたようだ。

　水分が多く、さらりとしているのが特徴で、東大寺のお水取りの練行衆が、一日の行を終えた後に食べることでも知られている。

　最近ではホテルや茶店での提供が増え、観光客も気軽に食べられる。家庭ではほうじ茶で作るのが一般的だが、緑茶で供する店もあり、食べ比べてみるのもいいかも。

大和茶を味わえる店・3選

竹西農園 遊茶庵
→P50

塔の茶屋
→P62

懐石料理 円
→P86

月替わり3500円のコースより、八寸。いちじく田楽、さつまいものイチョウ揚げなど秋をイメージした構成に

「奈良＝海なし県」を覆す旨魚、これぞ懐石の真骨頂

【日本料理】　近鉄奈良

懐石料理 かこむら

「四季折々の料理を目で見て、楽しんでもらいたい」と店主の水主村（かこむら）さん。奈良の老舗料亭で修業した懐石料理は、旬の食材を味わえるだけでなく、見た目にも美しく、季節の趣向を凝らした器や盛り付けに、卓越した技とセンスが溢れる逸品揃い。

　先付から果物まで全体のバランスを大切にするため、メニューは月替わりのコースのみ。「伝統的な日本料理の良さを知って欲しい」と、あえて肉料理は扱わず、店主が厳選した新鮮な魚介と季節の食材でもてなす。

　昼は完全予約制だが、食通の女性たちが全国から多く集う。1人からでも予約できる点に、店主の嬉しい心意気が感じられる。懐石料理の粋と贅を堪能したい。

3

1

2

4

5

1）鮮魚のお造り。器や盛り付けにも季節の趣を施す
2）先付は水菜とカニのレモン酢和え。そのほか椀盛、揚げ物など全7品が付く
3）落ち着いて食事を楽しめる一枚板のカウンター席。シーンに合わせて使える個室のテーブル席と座敷席もある
4）ビル2階の奥まった一角に佇む。坪庭風に設えた店構えに、和の情緒と店主のもてなしの心を感じる
5）掛け軸や小物など、季節のしつらいに心なごむ店内。日本の四季の美しさを料理や器だけでなく、空間でも表現

他のランチメニュー
5000円のコース
※その他、予算に応じて相談可

ディナー料金の目安
1人あたり…7000円～

住 奈良市角振新屋町10 パーキング奈良2F
☎ 0742-24-1070
営 12:00～14:00、17:30～21:00（LO）
休 水曜
P なし（近隣に有料駐車場あり）
席数 テーブル4席、カウンター8席、個室2部屋
煙草 全席禁煙
予約 要予約（お昼は前日まで）、夜も予約がベター
カード 可（VISA、MASTER、AMEX、JCB、その他）

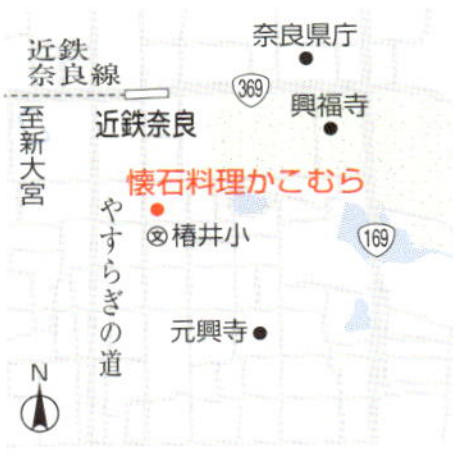

近鉄奈良駅から徒歩5分、JR奈良駅から徒歩10分

幸せのレシピを包み込む、一軒家のヨーロピアン

カジュアルランチ2300円より、魚介のパートブリック包焼き（＋700円）。
夜は食材がより豪華に

【フランス料理】 学園前

欧風料理 ラ・フランボワーズ

学園前で15年、人柄の温かいご夫婦が営む、地元に愛される一軒家レストラン。

一番人気の「カジュアルランチ」は、オードブル、スープ、自家製パン、メイン料理、デザート、コーヒーが付くお得なコース。メイン料理は数種類の魚または肉料理から選べるが、おすすめは「魚介のパートブリック包焼き」。旬の魚介とキノコをパートブリックで包み、オーブンでパリッと焼き上げる。オマール海老のアメリケーヌソースと一緒に味わえば、魚介の旨みを湛えたスープが、ジュワッと口の中に広がってゆく。開店当初から人気なのも頷ける。

アニバーサリーコースにはケーキが付く特典も。サプライズのお祝いもでき、次の記念日はここで決まり！

1

2

3

オードブルと本日のスープ。北海道産小麦と沖縄県産のきび糖を使った自家製パンは、店名にもなっている「木苺」のバターでどうぞ

1）アニバーサリーコースを予約するとシェフ手作りのデコレーションケーキをプレゼント。サプライズ演出もしてくれる
2）居心地のいい落ち着いた店内。未就学児向けの「キッズプレート」を用意するなど、小さな子どもの入店もOK
3）ならやま大通り沿いに建つ。フレンチをベースにした欧風料理がいただけ、貸切の利用も受け付けている

他のランチメニュー

ランチフルコース
4200円
アニバーサリーコース
5800円～

ディナー料金の目安

1人あたり…3500円～

住 奈良市松陽台3-4-8
☎ 0742-40-3667
営 11:30～14:00（LO）、17:30～20:30（LO）
休 火曜、第3水曜
P 7台
席数 テーブル26席
煙草 全席禁煙
予約 予約がベター
カード 不可（夜は可／VISA、MASTER、AMEX、JCB、その他）
※夜のみサービス料は別途要

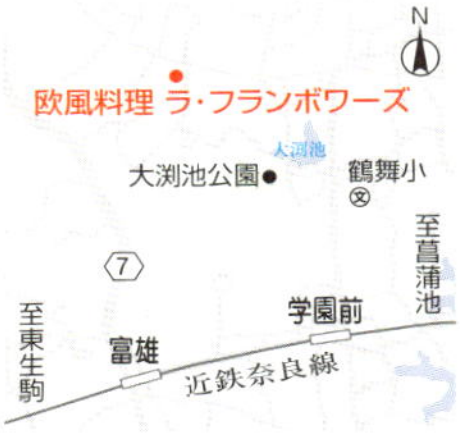

近鉄学園前駅から学研北生駒駅方面行きバス9分、「西登美ヶ丘四丁目」下車、徒歩2分

一釜一釜、直火でじっくりと炊き上げる釜めしの老舗

好きな釜めしを選べる「彩り旬菜籠膳」2500円。
人気はエビ、カニ、穴子など具材たっぷりの奈良七種（＋50円）

【日本料理】 新大宮

志津香《しづか》 大宮店

創業50年。『志津香』の釜めしと言えば、行列必至の並んででも食べたい人気メニュー。２０１０年３月にオープンした大宮店は広々とした店内で、職人が丁寧に直火で炊き上げた、極上の釜めしをゆったりと味わえる。

熱々の釜から立ちのぼる湯気に芳しい香り。口中に広がる具材とよく出汁の効いた釜めしとのハーモニー。その多幸感は最後のおこげまで続くが、そのためには必ずフタを閉めて蒸らしておくこと。昆布と鶏がらベースの出汁を凝縮し、塩味が効いた香ばしいおこげを堪能してほしいのだ。

定番もあるが、春はしらす、秋は栗や松茸、冬は牡蠣など、四季折々、釜めしのバリエーションは無限。季節を味わいに、また食べに行きたくなる。

1

2

3

季節の味わいを楽しめる籠盛り（お造り、付出し、サラダなど）、炊合せ、赤出し、香の物、季節のフルーツ

1）マネジメントチーフの小濱絵里さん。『志津香』創始者のお孫さんで、釜めしのおいしい食べ方を教えてくれる
2）どこか懐かしくて、心なごむ和空間が広がる店内。庭の緑が眺められる座敷席やテーブル席、大小の個室がある
3）旧家の広大な屋敷を改装。行列ができる公園店よりも倍近くの席数があるため、大人数の会食や女子会にも対応

他のランチメニュー
炊合せ御膳　1800円
お造り御膳　1900円

ディナー料金の目安
1人あたり…2000円〜

住 奈良市大宮町4-249-4
☎ 0742-93-8029
営 11:00〜20:30（LO）
休 火曜（祝日の場合は営業、振替あり）
P 12台
席数 テーブル60席、座敷38席、個室3部屋
煙草 全席禁煙
予約 不要
カード 不可
※予約をしておくと、時間に合わせて釜めしを炊き上げてくれる

http://www.kamameshi-shizuka.jp

近鉄新大宮駅から徒歩5分

密かな喜びの広場に届く、遠来のメルシーボークー

「おまかせコース」4500円より、前菜。ウニのフラン、金太郎イワシのオイルサーディン、パルマ産生ハム、地鶏とフォアグラのパテ

【フランス料理】 近鉄奈良

ビストロ・スクワール BISTROT SQUARE

ビル横のほの暗い通路を、奥へ奥へと。隠れるようにして佇む店に入ると、場は一転、フランス語で「広場」を意味するスクワールの店名の如く、ランチを楽しむ人々の眩しい笑い声に包まれる。

おすすめは「おまかせコース」。「本日の前菜」に始まり、「本日のお魚料理・お肉料理」のメイン2皿、それに自家製パンやデザート2皿など。その時期に一番美味しい食材を用いて、一皿一皿丁寧に心配りされたフレンチに、心もふわり舞い上がる。

10年来の常連、遠出をも厭わない県外客…。オープン以来、この広場の虜になったお客は後を絶たない。「幸せな食事をありがとう」。澤井シェフの手元には、そんなお客たちから届いた手紙が大切にしまってある。

1)こぢんまりとしていて、シェフの目配りが行き届く店内。心地よくて会話が弾む
2)通路の奥に佇む、まさに大人の隠れ家。訪れるたびワクワクする
3)スタッフの竹谷美希さん。「一皿一皿が丁寧なので、見て味わって、五感でお料理を楽しんでください」
4)メインは魚と肉の2皿。「サワラのポワレ ムール貝 グリーンペッパーソース」と「牛ホホ肉の赤ワイン煮」

他のランチメニュー

Menu A　1900円
Menu B　2700円

ディナー料金の目安

1人あたり…4500円～

住 奈良市小西町9
☎ 0742-26-2371
営 11:30～14:00(LO)、17:30～22:00(LO)
休 月曜
P なし
席数 テーブル14席、カウンター4席
煙草 全席禁煙
予約 予約がベター
カード 不可(夜は可／VISA、MASTER、AMEX、JCB、その他)
※夜のみサービス料は別途要

近鉄奈良駅から徒歩2分、JR奈良駅から徒歩12分

五重塔のたもとで味わう、名物茶がゆと美食懐石

「茶がゆ懐石」5000円より。大和茶（煎茶）で炊いた茶がゆ。
仕上げに抹茶を入れ、より風味豊かに

【日本料理】 奈良公園

とうのちゃや 塔の茶屋

奈良公園の鹿を愛でながら、ゆるりと興福寺境内へ。五重塔を仰ぎ見つつ、そのたもとに暖簾を掲げる老舗茶屋に向かう。

定番の「茶がゆ弁当」もいいが、今日の目当ては「茶がゆ懐石」。古美術好きの友人が、器も楽しめるのだと目を輝かせる。個室へ通されると、しばしの静寂。風情ある場所で味わう、季節の贅に期待が高まる。そもそも茶がゆは、茶の故郷である奈良の郷土料理。それを「塔の茶屋」の主が、奈良のご馳走として懐石料理の一品に昇華。さらっとした味わいが気持ち良くコースを締めくくる。

春は桜、秋は紅葉と季節感あふれるロケーションだけに、料理は素材を活かしてシンプルに。そのさりげなさに惹かれ、再訪を友と誓う。

茶がゆ懐石は月替わり。
茶がゆをはじめ、先付、八寸、焼物、甘味まで全10品程

1)風情ある暖簾がかかる入口
2)まるで茶室のような落ち着きと趣のある個室。約200年前の古材を使った老舗茶屋で、古都の旅情にひたりたい
3)興福寺の境内にあり、五重塔のたもとという絶好のロケーション。天気の良い日には、庭席も気持ちがいい

他のランチメニュー
茶がゆ弁当　2000円
(注文は16:30まで)

ディナー料金の目安
1人あたり…6000円～
※夜は茶がゆ懐石のみ

住 奈良市登大路町47
☎ 0742-22-4348
営 11:30～21:00(入店は～19:00)
休 火曜(祝日の場合は営業、振替あり)
P なし(近隣に有料駐車場あり)
席数 座敷30席、個室4部屋
煙草 一部喫煙
予約 要予約(茶がゆ弁当は不要)
カード 不可
※サービス料は別途要

http://www8.ocn.ne.jp/~tyagayu/

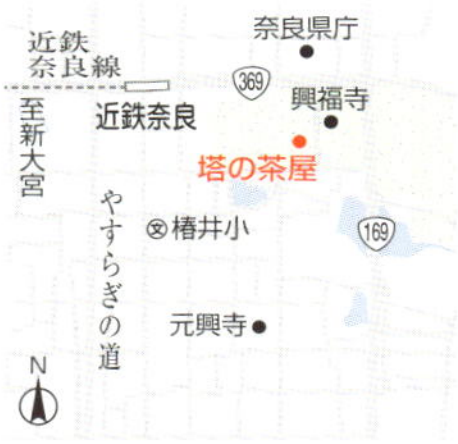

近鉄奈良駅から徒歩7分、JR奈良駅から徒歩20分

奈良の彩りをいただく、森の中の緩やかなひととき

4500円のコースより、メイン料理「大和牛のロースト」。ゴボウと青豆、菊花の粒マスタード和えと一緒に食べると美味。ナスや黄ニンジンなどを添えて

【創作料理】 西大寺

なずな 秋篠の森 なず菜

緑豊かな森の中にたたずむ小さなゲストハウス「秋篠の森」のレストラン。

白を基調とした店内は、温かみのある木のインテリアが配された、シンプルでおしゃれな空間。窓の外に見える鮮やかな緑を愛でていると、まるで時が止まっているかのように穏やかな気持ちになる。

「奈良の良さを伝えられるように意識している」という料理は、和食をベースにした創作料理。大和まなや結崎ネブカなどの大和野菜をはじめ、大和牛や吉野葛、奈良県産のお米など、地元の食材をふんだんに使った奈良らしい一皿に。テーブルに置かれるお品書きにも「今月の奈良産食材」が書かれているので、照らし合わせながらいただくのも楽しい。数十種類の自家製果実酒と一緒にぜひ。

1）ナチュラルテイストの店内には暖炉もあり、冬には薪がくべられ、温かいぬくもりに包まれる
2）奈良を代表する人気カフェ「くるみの木」の姉妹店。ミシュランガイドで一つ星を獲得する
3）色とりどりの自家製果実酒が並ぶ
4）「カニと旬菜のジュレ」と吉野葛を練り込んだうどんをパスタ風にした「紫水菜とカリフラワーの葛うどんカルボナーラ」

他のランチメニュー
コース　3000円

ディナー料金の目安
1人あたり…4500円〜

住 奈良市中山町1534
☎ 0742-52-8560
営 11:00〜12:30と13:00〜14:30の2部制、19:00〜21:00
休 月曜夜、火曜、第3水曜（祝日の場合は振替休）
P 20台
席数 テーブル25席
煙草 全席禁煙
予約 要予約
カード 可（VISA、MASTER、AMEX、JCB、その他）
※お昼は入れ替え制で食事は一斉スタート、小学生以下は入店不可

http://www.kuruminoki.co.jp/akishinonomori

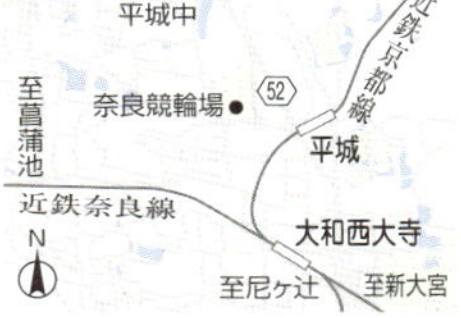

近鉄大和西大寺駅から押熊行きバス11分、「平城中山」下車、徒歩5分

美山8000円より、八寸。秋ほうずきの中に栗とトマト、生の落花生、イチジクの赤ワイン煮など秋の一皿。器も奥田さんの作品

土の料理人が惜しみない慈愛を注ぐ、渾身の農園料理

【日本料理】 新大宮

かわなみ 日本料理 川波

「土の料理人」の異名を持つ、主人の奥田眞明さん。生駒市高山町に4000坪の農園を持ち、年間約50種の野菜、10種の山菜、8種のキノコと米を栽培。「野菜の7割は土で決まる」と言い、化学肥料は使わず、卵殻、柿しぶ、モミ殻、落ち葉などを発酵させた自家製堆肥で愛情たっぷりに育てる。野菜作りのきっかけは、滋賀県大津市・月心寺の庵主（住職）が作る精進料理に感銘を受けたこと。「野菜ってこんなにおいしかったんかと思った」。以来野菜への意識は変わり、18年間、野菜作りを続けている。

農園料理を一口。野菜本来のうまさが口中に押し寄せる。甘みと香りが強く、瑞々しい。かつての奥田さんと同じ言葉が衝いて出る。「野菜ってこんなにおいしかったんだ!」。

1）マグロ、明石の活クルマエビ、ハモ、ハモの肝の造り。昼網の魚を使用するなど鮮度は折り紙付き（写真は2人前）
2）煮物は、京芋、カブラ、タコをじっくりと煮て炊合せたもの
3）主人の奥田眞明さん。奈良の老舗料亭「菊水楼」で修業し、24歳で同店を開店。器も自分で作り、その腕前はプロ級
4）料理人の手さばきが見えるカウンター席のほか、座敷や個室もある
5）ビルの1階にあり、白い暖簾に書かれた「土の料理人」の文字を目印に

他のランチメニュー
山里　3500円
山海　5000円

ディナー料金の目安
1人あたり…6000円～

住 奈良市芝辻町4-6-14 沢井ビル1F
☎ 0742-35-1873
営 12:00～14:00、17:00～22:00（LO21:30）※祝日は～21:00
休 日曜
P 1台
席数 カウンター7席、座敷16席、個室2部屋
煙草 全席喫煙
予約 要予約
カード 可（VISA、MASTER、AMEX、JCB、その他）
※サービス料は別途要

http://www.nara-kawanami.jp

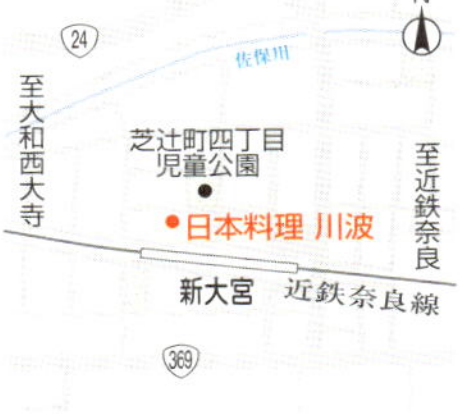

近鉄新大宮駅から徒歩2分

「プランツォB」2600円より、前菜の9種盛合せ。
カポナータ、竹炭風ライスコロッケ、刀根柿のミント風味など

世界遺産の門前で磨かれる、優美な大和イタリアン

【イタリア料理】 西ノ京

アムリット 薬師寺門前 AMRIT

「シルクロードの終着駅」と言われる天平文化。薬師寺の東塔は代表的な建築物だが、その門前に店を構えるのがこちら。寺とイタリアンとは異質な印象だが、同じローマに起源を持つと思うと、エキゾチックな郷愁に誘われる。

ランチは4種類。いずれも素材を活かした伝統的な料理手法で、大和の伝統野菜や地元の契約農家から届く朝採れ野菜など、季節の食材を洗練された一皿に昇華。特に、定番もの・郷土料理・奈良のものが3種ずつ盛り付けられた前菜は絶品。おいしい料理を少しずつ、たくさん食べたいという女性の欲張りも叶えてくれる。

施設内にはカフェやショップ、ギャラリーを併設。日本の食文化とアートの発信地としての役割も果たす。

1）品格と落ち着きに満ちた、広々としたダイニングスペース。薬師寺の塔など境内を眺めながら食事を味わえる
2）書院造りの古風な建物内に、レストラン、カフェ、ギャラリー、ショップなどが集まる複合施設「アムリット」
3）料理長の池戸大さん。「1300年前と変わらない景色の中、ゆったり流れる時間とおいしい料理を楽しんで下さい」
4）コースは月替わりで、前菜、パスタ、パン、デザートと飲み物。パスタは2週ごとに替わり、2種類から選べる

他のランチメニュー

プランツォA　1500円
プランツォC　3800円
プランツォD　5400円

ディナー料金の目安

1人あたり…6000円〜

住 奈良市六条町410
☎ 0742-32-5777
営 11:00〜15:00（LO14:00）、17:30〜22:00（LO21:00）
休 火曜
P 20台
席数 テーブル60席
煙草 全席禁煙
予約 予約がベター
カード 可（VISA、MASTER、AMEX、JCB、その他）
※アラカルトの場合のみコペルト（パン代）あり

http://amrit-nara.jp

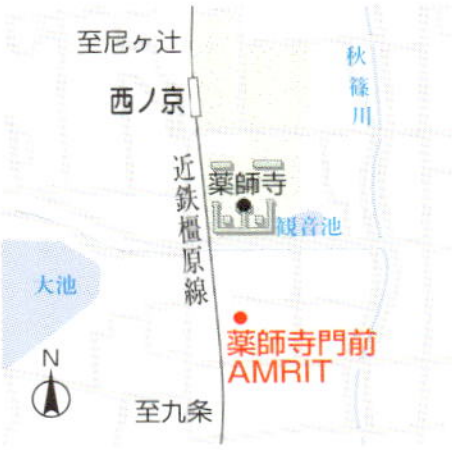

近鉄西ノ京駅から徒歩10分

ミニ懐石4200円（税込）より、タラの白子、マイタケを添えたカニしんじょうの椀物。口の中でほどけるカニの身と上品な吸い地が合う

万国の客人を笑いと妙味でもてなす、軽妙洒脱な割烹

【日本料理】 新大宮

きただ 割烹きた田

ミシュランガイドで4年連続一つ星を獲得する割烹。腕を振るうのは、大阪の有名料亭で修業した料理長の北田哲兵さん。

その妙味たるや、言わずもがなである。丁寧で繊細、修業時代に培った技法を存分に発揮し、「割烹きた田」の味に深化させる。豪華な八寸が有名だが、上品な吸い地の椀物、6時間かけて蒸し煮にしたタコのやわらか煮などの一品もさすが。奥ゆかしさに秘められた日本料理の真髄がここにある。

人を楽しませることが大好きな北田さん。ミシュランガイド掲載後は外国人客が増えたそうだが、万国共通の〝笑い〟でコミュニケーションをとっているとか。お茶目で気さく。肩ひじ張らずに一流を味わえる、粋な割烹を見つけた。

ナスのからし醤油漬けなどすべて料理長自らが漬ける8種類の漬物。
奥は6時間かけて蒸し煮にしたタコのやわらか煮と鯛の子

1)料理長の北田哲兵さん。おもしろいことが好きで、外国人客を笑わせるための小道具も常に準備
2)上品で清潔感ある店内。座敷の個室もあるので、接待や会食などで利用されることも多い
3)新大宮駅からすぐ近くだが閑静。風格漂う店構えに期待が高まる

他のランチメニュー

弁当　2500円(税込)
懐石 花
7000円(税込)
懐石 風
1万円(税込)
懐石 月
1万3000円(税込)

ディナー料金の目安

1人あたり…1万円～

住 奈良市芝辻町4-5-6
☎ 0742-35-7778
営 11:30～14:00(LO13:00)、17:00～22:00(LO20:30)
休 不定休
P 4台
席数 テーブル席14席、カウンター8席、個室3部屋
煙草 一部喫煙
予約 予約がベター
カード 可(VISA、MASTER、AMEX、JCB、その他)
※夜のみサービス料は別途要

http://kappou-kitada.com

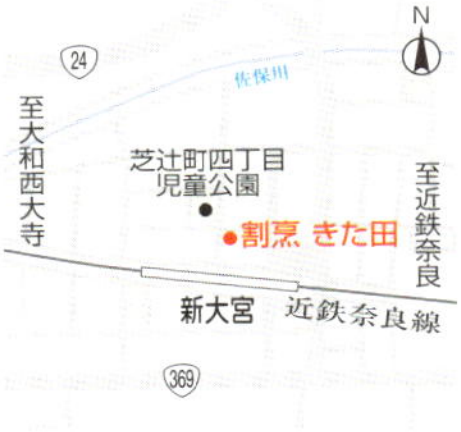

近鉄新大宮駅から徒歩1分

季節の創作「葛匠」ランチ2100円（税込）。
ここでは湯葉万頭の蟹葛あんかけ、くるみ豆腐、葛グラタンなどに本葛を使用

時代に選ばれし名門が魅せる、葛の美味しい才能

【創作料理】 奈良公園

くろかわほんけ 吉野本葛 黒川本家

創業は江戸初期1615年。以来、宮内庁の御用も務める吉野本葛の名門として、全国の老舗・一流どころの和菓子店や料亭から選ばれてきた黒川本家。そもそも葛は料理の名脇役。葛餅や葛切りなど和菓子で主役になることはあっても、料理の中で表舞台に出ることはない。そこで、葛自体の一般的な知名度やおいしさを知ってもらうきっかけになればと、直営店をオープン。和洋スイーツをはじめ、本葛入りの生パスタなどの創作料理を提供する。

なかでも懐石料理の流れをくむ「葛匠」ランチは、本葛や季節の食材を使った多彩な小鉢料理が味わえると人気のメニュー。これだけ上質な吉野本葛を味わえるのも直営店ならではの醍醐味。散策の合間にぜひ訪れたい。

1

2

3

4

1）白と黒を基調にしたシックで落ち着いた雰囲気の店内。大きなガラス窓からは、春は桜、秋は紅葉を眺められる
2）東大寺門前夢風ひろば内に、黒川本家初の直営店舗を構える。奈良散策の合間に立ち寄れる便利なロケーション
3）店長の福井文人さん。「上質な本葛は滋養強壮、美肌など身体にもいいので、お土産や贈り物にも喜ばれます」
4）お食事にプラス300円で葛餅が付く。本葛独特の風味、食感、粘りが楽しめ、口どけの良さは出来たてならでは

他のランチメニュー
季節の本葛入り生パスタセット　1700円（税込）
季節の葛餡かけ丼セット　1700円（税込）

ディナー料金の目安
1人あたり…3000円～

住 奈良市春日野町16 夢風ひろば内
☎ 0742-20-0610
営 11:00～19:00（LO18:00）
休 不定休
P 68台
席数 テーブル70席
煙草 全席禁煙
予約 予約がベター
カード 可（VISA、MASTER、AMEX、JCB、その他）

http://yoshinokuzu.com

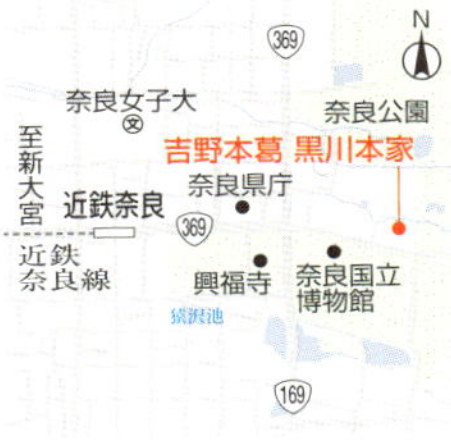

近鉄奈良駅から徒歩12分

人気の吉野葛スイーツ。定番の「葛餅」と、口当たりなめらかな「葛ブランマンジェ」。いずれも「吉野本葛 黒川本家」

奈良・伝統の食文化 その3

吉野葛

役行者も食べていた?

葛はマメ科の蔓性植物で、秋の七草の一つ。花は薬用に、葉は家畜の餌に、茎の繊維は布の材料となることから古来なじみ深く、万葉集など幾多の詩歌で詠まれてきた。

根には冬、たっぷりと澱粉が蓄えられ、これが葛粉の元になる。極寒の時期、山に分け入って根を掘り起こし、細かく砕いて地下水に晒し、澱粉を揉み出してはアクを流す作業の繰り返し。「吉野晒」と呼ばれる独自の製法で、取り出した澱粉を約2ヶ月間自然乾燥させると、美しい純白の葛粉「吉野本葛」の出来上がりだ。

保存の利く貴重な栄養源として山岳

豆乳と吉野葛を合わせて練り上げた豆腐。「西大和さえき」

桜を形どった吉野葛の干菓子

本葛で作った葛のあんかけや葛
グラタンなどが盛られたかご盛り。
「吉野本葛 黒川本家」

吉野葛を練り込んだうどんをパスタ風に。
「秋篠の森なず菜」

修行の山伏たちが持ち歩き、全国にその名が広まった。寒冷な気候と豊富な良質の水、そして、手間を惜しまぬ人の手で作られているのは、今も変わらない。

和菓子に、料理に大活躍

どんな食材とも相性が良く、滑らかな食感を生み出す葛粉。本格的に和菓子などで使われるようになったのは江戸時代中期以降とされ、独特の風味・粘り・透明感を生かして葛粽《ちまき》や葛饅頭、葛きりなどが作られ、庶民の間で親しまれた。なかでも吉野本葛は最高級品として重宝され、涼味を誘う葛餅など、繊細な和菓子作りに今も欠かせない。

奈良ではゴマ豆腐やうどんなど、料理にも幅広く使われ、葛粉を練り込んだパスタや、洋風スイーツ仕立てのメニューを供す店があるのも、本場ならでは。まだまだ活躍の場は広がりそうだ。なお、サツマイモ由来の甘藷澱粉を混ぜたものは「吉野葛」と呼ばれ、葛澱粉100%の「吉野本葛」とは区別されている。

吉野葛を味わえる店・3選

秋篠の森なず菜
→P64

吉野本葛 黒川本家
→P72

西大和さえき
→P106

風雅なる懐石に吹き込まれる、往年の名座の息吹

小会席おばな3900円より、名物の鯛茶漬け。
煎りたてのゴマと醤油で味付けした新鮮な鯛を
ご飯にのせ、だしをかけていただく

【日本料理】 近鉄奈良

日本料理 おばな

奈良の名景といえば、興福寺の国宝五重塔を望む猿沢池。そのすぐ近く、ホテルサンルート奈良に「おばな」はある。明治42年、この地に芝居小屋『尾花座』が建てられ、大正9年には常設映画館『尾花劇場』となるも、時代の流れにより昭和55年に劇場が閉館し、現ホテルに。「おばな」の店名は明治から昭和にかけて愛された『尾花座』から譲り受け、名付けられた。

尾花座の当時の写真などが飾られた、広々として落ち着いた店内で味わえるのは、京会席。「割烹のように出来たての料理を食べていただきたい」と、料理長の朝岡順之さん。季節感を重んじ、食材はその時々の最良のものを選ぶ。日本酒の品揃えも良く、お昼から奈良の地酒を一杯、というのも乙なもの。

1）和と洋が融合したモダンで華やかな店内
2）広い間口で、店内は奥まで広々。20～30人用の個室もあるので用途に合わせて利用できる
3）店内には尾花座の頃の写真、公演の演目や出演者を書いた奉納額など当時の貴重な品が飾られている
4）「心を込めて作っていますので、ぜひお越しください」と料理長の朝岡順之さん
5）この日の焼物はサワラ、先付はフルーツトマトの黄身酢がけ。他に煮物椀、造り、八寸、炊合せなど。内容は月替わり

他のランチメニュー
季節の点心　2900円
会席料理あかね
5500円
会席料理なでしこ
7500円

ディナー料金の目安
1人あたり…5500円～

住 奈良市高畑町1110 ホテルサンルート奈良B1F
☎ 0742-22-2108
営 11:30～14:00（LO13:30）、17:30～20:00（LO19:30）
休 不定休
P なし（近隣に有料駐車場あり）
席数 テーブル50席、個室3部屋
煙草 全席禁煙
予約 予約がベター
カード 可（VISA、MASTER、AMEX、JCB、その他）

http://obana-nara.jp

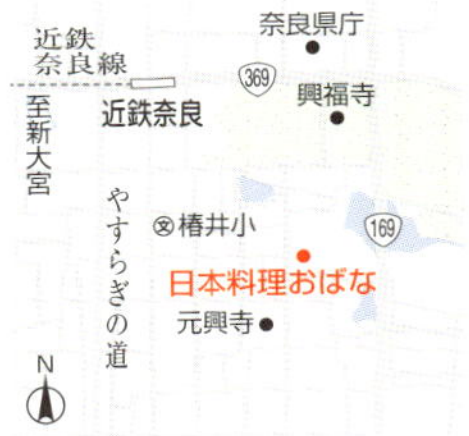

近鉄奈良駅から徒歩8分、JR奈良駅から徒歩20分

イタリアンな美鹿に、ならまちの外れで一目惚れ

3500円（税サ込）のコースより、メインの肉料理。沖縄のやんばる島豚の低温調理。マコモダケのソテー、サツマイモのコンフィを添えて

【イタリア料理】 近鉄奈良

チェルボ Cervo

辛口な食通の友人が勧めてくれた、イタリア語で鹿という名のチェルボ。扉を開けるとマダムが温かく出迎えてくれた。３５００円のコースを注文。前菜が３皿、パスタ２種類、メインの肉料理にデザート…。「少しずついろんな種類を楽しんでほしい」と吉田シェフ。ポーションは少なく、品数は多く。一皿一皿の質の高さに息を呑む。まるでイタリアン版懐石料理のようだ。

料理で四季を感じられるようにと、コースには近隣農家で採れた旬の野菜をふんだんに使う。1コースで味わえる野菜は実に20〜25種類！「奈良の野菜を表現する」が信条のシェフ。その飽くなき探求心が新たな旬の味わいを生む。

友よ、感謝。ついに運命の〝鹿〟と出会ってしまった。

1

2

3

4

1)シックでおしゃれな店内。月ごとに替わるテーブルセットや、壁に掛けられた奥様手描きの温かい作品も楽しんで
2)イタリア語で「鹿」という意味を持つ店名通り、鹿をモチーフにした看板が掲げられている
3)オーナーシェフの吉田智哉さん。東京で修業後、地元・奈良で奥様の美幸さんと二人、モダンイタリアンを発信する
4)前菜3皿、パスタ2種類、肉料理、デザート、自家製パン、カフェ、大和茶と焼菓子の大満足な内容。メニューは月替わり

他のランチメニュー
コース
6000円(税サ込)

ディナー料金の目安
1人あたり…7000円〜

住 奈良市西木辻町97-3
☎ 0742-23-3213
営 11:30〜13:30(LO)、18:00〜20:30(LO)
休 水曜、第2・4木曜
P 4台
席数 テーブル12席
煙草 全席禁煙
予約 要予約
カード 可(VISA、MASTER、AMEX、JCB)

http://www.cervo-cucinaitaliana.com

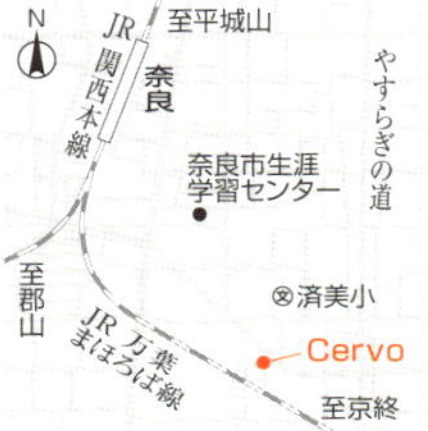

JR奈良駅から徒歩12分、近鉄奈良駅から市内循環内回りバス5分、「瓦町」下車すぐ

天女の羽衣か、天仁の薄衣か。心はひらり、空を舞う

「紅葉」6000円のコースより、お造りと車海老、長芋の天ぷら。ほかに季節のもの3種、天茶か天重などが付く

【天ぷら】 近鉄奈良

てんじん 天麩羅 天仁

天ぷらに一家言を持つ父と向かったのがこちら。ゆっくりコースを味わうため、主に夜のお食事用の「紅葉」を注文。聞けば、ならまちの有名割烹『つる由』の姉妹店。お造りや一品など、天ぷら以外の料理はすべて本店から届く。新鮮な魚介や季節の野菜も同じ素材とのことで得した気分。

さて、カウンターでいただく揚げたての天ぷらは、おまかせで16種類ほど。活きのいい車海老の天ぷらはプリプリ、火を通しすぎていない長芋は「シャキシャキ」と「サクサク」を併せた「シャクシャク」の食感。衣は薄付きのサクフワだ。素材の色や風味を活かすため、透明でヘルシーな太白ごま油に数種類の油をブレンド。カロリーが気になる父の世代や女性も安心して楽しめる。

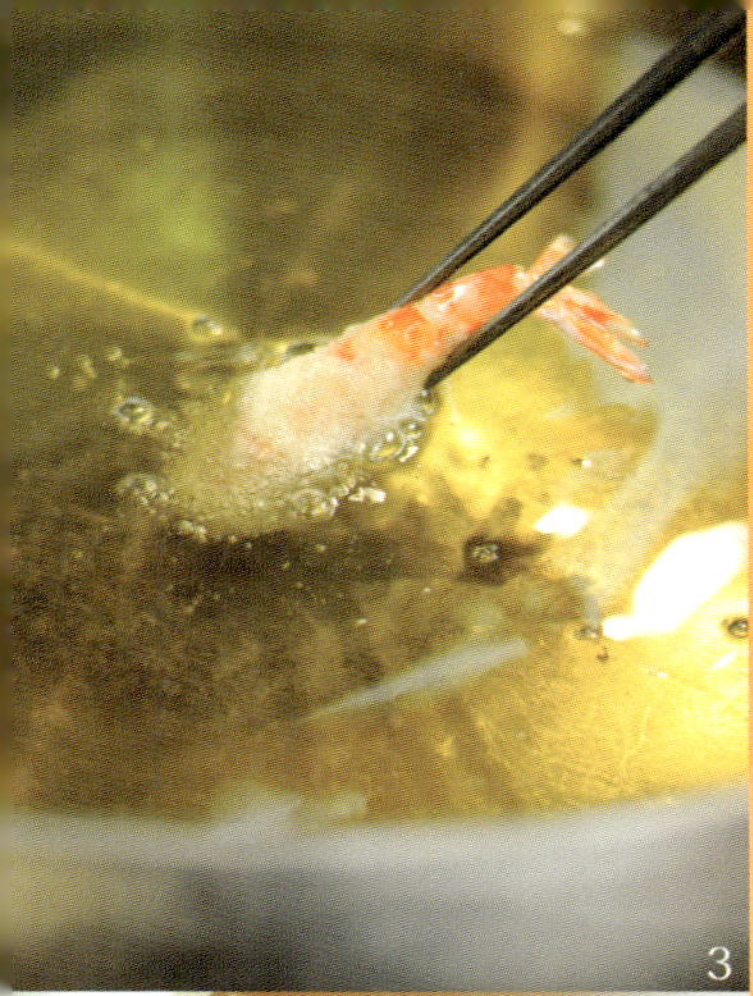

3

1

4

2

5

1）驚きの厚さで人気の鳴門金時の天ぷら。じっくり低温で下揚げされ、薄付きの衣がホクホクの食感を邪魔しない
2）鮮度の良い車海老は九州のものを、魚介類は近海のものを使用
3）奈良のものを中心に、新鮮な旬の味覚を揚げてくれる
4）一枚板のカウンターに対峙する、よく手入れのされたオープンキッチン。凛とした潔さと落ち着きが感じられる
5）落ち着いた店構えに大人の探究心がくすぐられる

他のランチメニュー
天ぷら定食　2000円
梅　2500円
椿　5000円

ディナー料金の目安
1人あたり…5000円

住 奈良市下御門町35
☎ 0742-26-3770
営 11:30〜14:00、16:00〜20:30（LO）
※14:00〜16:00の間は休むことがあるため予約がベター
休 月曜
P 3台
席数 カウンター13席
煙草 全席禁煙
予約 予約がベター
カード 可（VISA、MASTER、AMEX、JCB、その他）

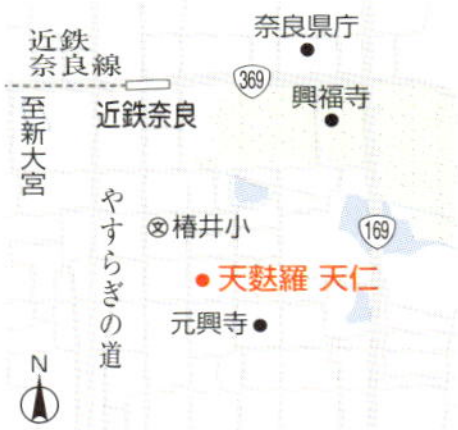

近鉄奈良駅から徒歩7分、JR奈良駅から徒歩15分

名物「ビフカツサンド」3500円。約180gもの和牛特選フィレ肉を使い、ボリューム満点

飾らない洋食店の、心とろけるビフカツサンド

【洋食】 新大宮

食房 たけだ

閑静な住宅街の一角。オープンから27年を過ぎても、変わらず愛される街の洋食屋さんへ。いただくのは、遠方からもファンが訪れる、名物「ビフカツサンド」だ。

和牛特選フィレステーキ2枚分という、まずは、そのボリュームに圧倒される。一口では難しい分厚さだけに、噛み切れるのか?と不安になるが、さすがはシャトーブリアン！驚く程の柔らかさで、パンはトーストしてあるためサクッと軽やか。衣は薄く、特製のデミグラスソースとよく馴染んで、肉自体の旨味も堪能できる。

一人前でも結構な量があるので、シェアをしてサラダセットと一緒に味わったり、ハーフサイズでの注文や持ち帰りができるのも心憎い。お土産やお弁当にも喜ばれる逸品だ。

3 1

4 2

5

1)「サラダセット」1500円と一緒にいただくのも人気。季節のスープ、サラダ、アイスクリーム、ドリンクが付く
2)肉の旨みが口中に広がるビフカツサンド。ハーフサイズ2000円もある。テイクアウトもOK
3)オーナーシェフの武田求さん、娘のまどかさん、ホールを担当する奥様の薫さん。仲良し家族の連携もお見事
4)清潔感と温もり溢れる店内。広々としたカウンター席に、窓辺のテーブル席。靴を脱いでくつろげる個室もある
5)オープン当時、まだ小学生だった娘さんが描いたというイラストの看板が目印。モデルは、ご主人の武田さん

他のランチメニュー
お昼のミニコース
3500円
ランチ　2500円

ディナー料金の目安
1人あたり…6000円～

住 奈良市三条大路1-10-20
☎ 0742-34-8614
営 11:30～13:30(LO)、17:30～20:30(LO)
休 火曜(祝日の場合は営業)
P 4台
席数 テーブル8席、カウンター9席、個室1部屋
煙草 全席禁煙
予約 不要
カード 不可

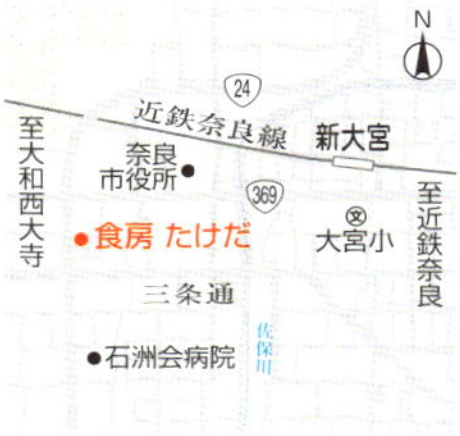

近鉄新大宮駅から徒歩15分

奈良づくしの大皿をみんなで囲み、ピカピカしない？

ランチセット1980円（税込）より、アサリのパエリア。
鮮やかな伏見ししとうが味のアクセントになっている

【スペイン料理】　西大寺

ピカピカ 奈良スペイン料理 Pica Pica

奈良でスペイン料理が味わえる数少ないお店の一つ。お目当ては、定番だけど外せない「パエリア」。こちらのパエリアは、大和肉鶏のガラからとったブロード（ダシ）で焼き上げるのが特徴で、お米はもっちりとした食感が残る、奈良県産のヒノヒカリを使用。上にのる野菜も奈良県産の無農薬野菜で、奈良づくしのパエリアだ。

ランチセットに付くタパスの盛合せは、スペインオムレツやパタタスアリオリ、ブニュエロなど、スペインバルでおなじみのタパスが、９種類も味わえるとあって、グルメな女性に好評。お昼はスペイン産のワインやカクテルが３００円から飲めるので、店名の「Ｐｉｃａ Ｐｉｃａ＝鳥がついばむ」のごとく、仲間とわいわい楽しもう。

1

2

3

4

1）情熱の国・スペインを想起させる赤のテーブルクロスが印象的な店内
2）カルチャースクール「奈良ウェルネス倶楽部」の1階にある
3）シェフの山口一成さん。「パエリアは焼き上がるまで40分ほどかかるので、ゆっくりと食事を楽しんでください」
4）タパス9種盛合せと生ハムサラダ。他に本日のアヒージョ、バゲット、デザート、コーヒーなどが付くお得なセット

他のランチメニュー

パラダルコース
2800円（税込）
パエリアコース
3800円（税込）

ディナー料金の目安

1人あたり…3000円～

住 奈良市西大寺国見町1-7-22 奈良ウェルネス倶楽部1F
☎ 0742-53-7530
営 11:30～15:00（LO14:30）、18:00～23:00（LO22:00）
休 火曜
P なし（夜は共有駐車場利用可）
席数 テーブル50席
煙草 全席禁煙
予約 予約がベター
カード 可（VISA、MASTER、AMEX、JCB、その他）

近鉄大和西大寺駅から徒歩5分

http://worldheritage.co.jp/picapica

20食限定の「奈良三昧」3240円（税込）より、大和丸なすの田楽。肉厚で味がよく染みた丸なすに、特製の味噌だれが効いている

心がまぁるくなる、奈良の産物懐石

【日本料理】 近鉄奈良

懐石料理 円《えん》

遠方より友来たる。久々の会食の注文は「和食・奈良の名物・めずらかなもの」であること。この三題噺に応えるべく、意気揚々と随行したのがこちら。奈良の産物を使い、意外な食材の組み合わせや創作料理が評判の店だ。

昼の部のおすすめは、奈良の幸がふんだんに盛り込まれた「奈良三昧」。ご飯か茶がゆを選べるが、今回は友の意を汲み、後者を選択。旬の大和野菜料理は、大和丸なすの田楽。その姿を模した特注の器で供され、友が感嘆の声をあげる。

8年物の奈良漬けを細巻きにした寿司、酒かすの天ぷら、味噌漬け豆腐など、初めて出会う味わいに女将との会話も弾む。そこに料理の手が空いた主人が加わり、食談義が始まる様に一人、悦に入る。

1）和モダンな店内に、女将が自家の庭で摘んだ草花やアンティークの着物をディスプレイ。季節の彩りを添える
2）1988年4月創業。ビル2階奥の隠れ家的な場所にあり、静かな店内の窓からは、ならまちの家並みが眺められる
3）ご主人の平野照明さん。日本料理を一筋に42年。精進料理にも長け、ベジタリアン向けの料理などにも対応する
4）味噌漬け豆腐や大和柿のなますなど趣向を凝らした先付。ほか酒かすの天ぷら、三輪素麺（冬はにゅうめん）などが付く

他のランチメニュー

松花堂弁当
1600円（税込）
※期間限定ランチの場合もあり
茶がゆ膳
2100円（税込）

ディナー料金の目安

1人あたり…4000円～

住 奈良市下御門町38 御門ビル2F
☎ 0742-26-0291
営 11:30～14:00、17:00～21:00
休 木曜（祝日の場合は営業）
P なし
席数 テーブル14席
煙草 全席禁煙
予約 予約がベター（夜は要予約）
※ランチの予約は不要だが、数量限定のため当日でも予約がベター
カード 不可
http://yen-kaiseki.com

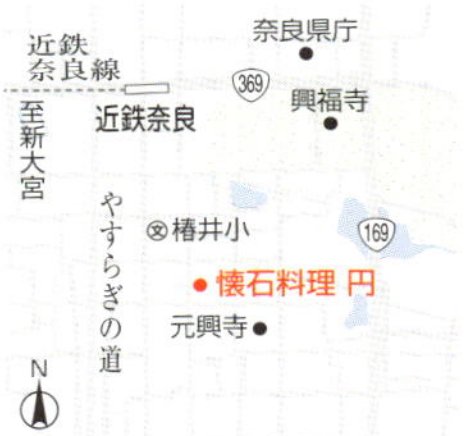

近鉄奈良駅から徒歩7分、JR奈良駅から徒歩15分

食楽の方程式、その美味なる解はルート24の傍らに

Pranzo C 3600円より、前菜の盛り合わせ。生ハムのほか、根菜のソテーやフリットなどが盛られる。内容は季節によって変わる

【イタリア料理】 西ノ京

オステリア バッヴォ OSTERIA BA'VVO

その店は奈良の動脈・国道24号沿いに建つビルの3階、一番奥に。竹のアーチをくぐれば木を基調とした明るく爽やかな店内。シェフの中川圭さんがにこやかに迎えてくれる。

料理は昼夜ともコースのみで、内容はおまかせ。「お出ししたら皆さん、わぁ！と驚いてくれる」という前菜の盛り合わせは、オーダーが通ってからスライスするイタリア産生ハム4種をはじめ、三重県尾鷲から届く新鮮な魚介、奈良県産の野菜やキノコを使い、フリットやソテーにするなど、一品ずつ手の込んだ内容。

たくさんの種類が味わえるのが魅力と女性に好評だ。この後、焼き立てパンにパスタ、メインと続けば、お腹も心も大満足。お楽しみの自家製デザートのため、別腹は残しておこう。

1)木目調の家具に映えるブルーの椅子を配した、陽光差し込む明るい店内
2)奥まった場所にあるが、イタリア国旗が揺れる入口を目指して
3)シェフの中川圭さん。「前菜とデザートはおまかせのみなので、苦手な食材があれば事前にお伝えください」
4)「鴨モモ肉のコンフィ」と「結崎ネブカ、吉野シメジ、尾鷲産がすえびのペペロンチーノ」。パスタもメインも3種類から選べる

他のランチメニュー

Pranzo A　1600円
Pranzo B　2000円

ディナー料金の目安

1人あたり…2800円～

住 奈良市柏木町421-1 柏木ビル3F
☎ 0742-36-8136
営 11:30～14:00(LO)、18:00～21:00(LO)
休 火曜
P 55台(共用)
席数 テーブル20席
煙草 全席禁煙
予約 予約がベター
カード 不可(夜のみ可／VISA、MASTER、AMEX、JCB、その他)

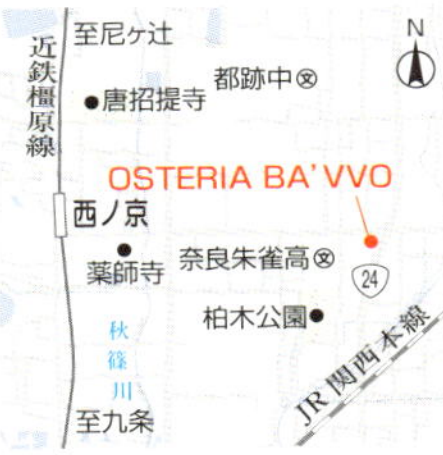

近鉄西ノ京駅から徒歩18分

雅コース2800円より、「大和ポーク黒酢のミルフィーユ酢豚」。
コース内容は年4回、季節ごとに内容が替わる

絹の道が伝えた食の心を、宮都で今、中華にこめる

【中国料理】 新大宮

京中華 飛天散華《ひてんさんげ》

店名に冠した「京中華」の「京」とは、古の都・平城京を指す。遥か奈良時代、中国の食文化はシルクロードを通ってこの奈良に伝わり、新たな日本の食文化を形成していった。その歴史的つながりを大切にしたいと、こちらでは和の食材や季節の食材をふんだんに使い、中国料理の伝統的調理法で仕上げた料理を出している。「奈良に在ることの意義」を追求した京中華、そのお味は？

「雅コース」は全9品。あっさり系の中華で、年配の方や油っこいのは苦手という方にもおすすめ。一番人気は「大和ポーク黒酢のミルフィーユ酢豚」。外はカリカリ、中はホクホク。豚肉が巻かれたこの山芋の美味しさといったら！

奈良らしい町家風の店内で、心は飛天のごとく舞い飛んだ。

3

1

2

4

5

1）熱々の石鍋がジュッと音を立てる「海鮮のおこげあんかけ」
2）焼き豚、押し豆腐の海苔巻き、蒸し鶏のゴマソースなどがのる「前菜盛り合わせ」（写真は3～4人前）
3）テーブル席は半個室になっているので、周囲を気にせずゆったりと味わえる
4）町家風の建物が目を引く外観
5）「残すぐらいのボリュームで出すのが中国料理。たくさん食べて幸せになってもらいたい」と総料理長の池田誠さん

他のランチメニュー
散華御膳
1380円（税込）
旬菜御膳
1550円～（税込）
華コース
2160円～（税込）

ディナー料金の目安
1人あたり…2500円～

住 奈良市三条大路1-1-47
☎0742-33-0222
営 平日11:00～15:00、17:00～22:00 、土・日曜、祝日11:00～22:00
休 無休
P 19台
席数 テーブル38席、座敷あり（要予約）
煙草 全席禁煙
予約 予約がベター
カード 可（VISA、MASTER、AMEX、JCB、その他）

http://www.hiten-co.jp/sange

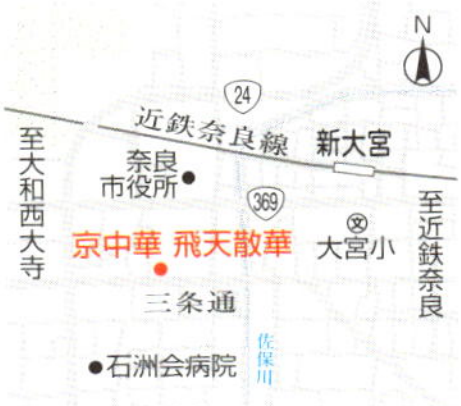

近鉄新大宮駅から徒歩10分
（事前予約で送迎あり）

タンドリーチキンランチ2200円より、エビとカッテージチーズのマイルドカレー。タンドールで焼いたナンがセットに

スパイシーな異国情緒を燻らせる、インド料理の聖地

【インド料理】　富雄

インディアン レストラン タゴール

住宅街に現れる、ヤシの木が植えられた南国風の建物。タゴールは、オープン23年目を迎える、奈良のインド料理店の草分け的存在。インドの高級リゾートをイメージした店内は、バリで買い付けたインテリアが配され、異国情緒たっぷり。

こちらの料理は、辛さ控え目の北インド料理。シェフの梶原岳弘さんが、日本人の口に合うようアレンジする。インドから直接仕入れるスパイスを独自にブレンドしたカレーは、チキンや野菜、シーフードなど5種類の中から好きなものが選べる。内容は月替わりなので、何度訪れても食べ飽きない。

野菜や米などは、奈良県産のものを使うのだとか。意外にも相性ピッタリなインドと奈良。その出合いに感謝。

1）店内の窓は近隣の住宅が見えないように設計されているため、ゆっくりと食事と会話が楽しめるのも魅力
2）地元で高級インド料理店として親しまれている
3）シェフの梶原岳弘さん。「夜は15種類のカレーがあります。季節ごとに替わるのでぜひお越しください」
4）「紀州うめどり」を使ったタンドリーチキン。他にイラニーカバブ、サラダ、アチャール、ドリンクなどが付く

他のランチメニュー

カバブ&カリー
2000円
カリーランチ　1600円
マサラクルチャランチ
1600円

ディナー料金の目安

1人あたり…2500円〜

住 奈良市鳥見町2-1-5
☎ 0742-41-3769
営 11:30〜14:30（LO）、17:30〜21:30（LO）
休 水曜（祝日の場合は翌日）
P 15台
席数 テーブル34席、テラス席14席
煙草 全席禁煙（平日夜のみ分煙）
予約 予約がベター
カード 可（VISA、MASTER、AMEX、JCB、その他）

http://www.tagore.jp

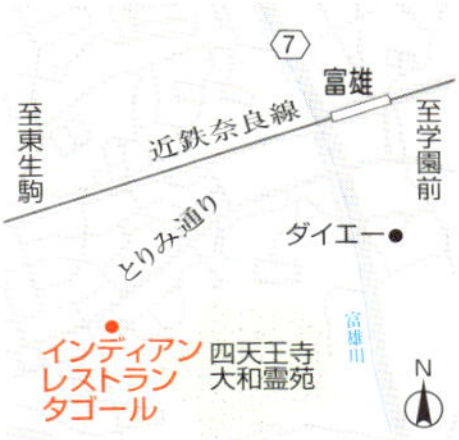

近鉄富雄駅から徒歩10分

奈良人が愛した洋食、その名作を陽光のダイニングで

コースランチ2800円（税込）より、「アクアパッツァ」。
メイン料理は魚や肉から選べ、コースの内容は月替わり

【洋食】 奈良公園

THE MAIN DINING at NARA PARK《ザ メイン ダイニング アット ナラ パーク》

奈良を代表する明治24年創業の老舗料亭・菊水楼、その欧風レストランとして、昭和42年に開店。当時は奈良公園周辺に洋食を出す店はなく、新しいもの好きの奈良人や観光客が訪れたという。

そのレストランが平成26年春にリニューアル。「料理の音や香りもご馳走の一部」との思いから、オープンキッチンに。荒池に面した南向きの大窓は、水景色を鮮やかに映し出し、きらめく陽光を客席まで届けてくれる。

また「菊水カレー」など往年の常連が目を細めて懐かしむ創業メニューの復活や、新たに取り入れたパスタやメイン料理など。今と昔がお洒落にコラボする魅惑のメインダイニングに、気のおけない友達や母娘と誘い合わせて出かけたい。

1
2

3

4

5

1)コースランチにはメイン料理のほか、前菜3種盛り合わせ、パスタ、デザート、コーヒーまたは紅茶が付く
2)創業当時のメニュー「菊水ピラフ」3200円が復活。牛フィレ肉とエビ、マッシュルームが入るデミグラスソースのピラフ
3)意匠が凝らされた格調高い店内。オープンキッチンから奏でられる調理の音や芳しい香りがフロアを包む
4)菊水楼に隣接して建ち、外観は創業当時の雰囲気をそのまま残す
5)フロアマネージャーの岩本敏次さん(左)とシェフの福岡隆司さん(右)。創業当初から伝統と味を受け継ぐ

他のランチメニュー
パスタランチ
1200円(税込)
メインランチ
1800円(税込)
シェフズスペシャル
5000円(税込)
菊水カレー
2200円(税込)
ディナー料金の目安
1人あたり…4000円〜

住 奈良市高畑町1130
☎ 0742-23-2007
営 LUNCH 11:00〜14:30(LO)、CAFE 14:30〜17:00、DINNER 17:00〜21:30(LI 20:00/LO 20:30)
休 火曜 ※土・日曜、祝日は不定休
P 15台
席数 テーブル65席、個室1部屋
煙草 全席禁煙
予約 予約がベター
カード 可(VISA、MASTER、AMEX、JCB、その他)
※サービス料は別途要

http://www.kikusuiro.com/restaurant/

近鉄奈良駅から徒歩10分、
JR奈良駅から徒歩20分

「かみつみち弁当」2760円。“角が取れる＝円満になる”の意味を込め、角が一片取られた五角形の弁当箱を使用

大和が詰まった宝箱は、古京をつなぐ道の始まりに

【日本料理】 ならまち

はり新《はりしん》

昔ながらの面影が色濃い、ならまち界隈でも特別な場所。藤原京と平城京を結ぶ古道「上ッ道」に面し、築230年の町家を再生した日本料理店がこちら。

名物「かみつみち弁当」は、6代目主人の中川健吾さんが「一番、力を入れて作っています」と語る看板メニュー。店の表通りにちなんで名付けられ、奈良の名物や地元の食材、旬の味覚を詰め込んだ松花堂弁当仕立て。例えば、先付の豆腐には吉野葛を、天ぷらの椎茸には吉野産の原木椎茸を、焼き物は奈良漬けの酒粕を使ってブリの粕漬け焼に、わらび餅は大和茶の抹茶で風味良く。古代チーズ「蘇」の味も見事に再現した。

かつて武士を接待したという歴史ある座敷や風流な囲炉裏端で、ゆったり〝大和時間〟を過ごしたい。

先付、炊き合わせ、天ぷら、古代チーズの蘇などが付く

1）6代目主人の中川健吾さん。「食材を最大限に活かした料理を心掛けています。旬の味覚を楽しんでください」
2）武家造りの名残を留める和空間で、風情ある坪庭を眺めながら食事ができる。人気の囲炉裏席は予約がおすすめ
3）築230年、江戸時代後期に建てられた元両替商の家屋を再生。店前の道は、奈良時代の古道「上ッ道」の出発点

他のランチメニュー
天麩羅御膳　1482円

ディナー料金の目安
1人あたり…3000円～

住 奈良市中新屋町15
☎ 0742-22-2669
営 11:30～14:30（LO）、18:00～20:00（LO）
休 月曜（祝日の場合は翌日）
P 3台
席数 テーブル8席、座敷27席
煙草 全席禁煙
予約 予約がベター
カード 可（VISA、MASTER、AMEX、JCB、その他）

http://www.harishin.com

近鉄奈良駅から徒歩12分、
JR奈良駅から徒歩20分

お昼のにぎり3000円より、赤身（ヅケ）。米は「寿司に合う」という長野県産コシヒカリを、魚は大阪の木津市場で買い付ける

寿司に焦がれた奈良人は、この江戸前にたどり着く

【寿司】 高の原

鮨 ゆう座《ゆうざ》

海のある地で暮らした者が、海のない奈良でも旨い寿司を求めてしまうのは、もはや業。探し続けた末、ついに出会えた。

主人の長門裕二さんは、大阪・帝国ホテルの「銀座・久兵衛」で10年間修業した後、奈良の地で独立。多くの文化人や政界人らが訪れる名店の江戸前寿司を握ってきた、生粋の寿司職人だ。

気軽に味わえる「お昼のにぎり」は、赤身（ヅケ）、トロ、貝類、白身、イカ、光物、エビ、穴子のにぎりを1貫ずつ順に。醤油は出さず、ヅケにしたり、塩を添えたり、炙りにしたりと、ひと手間加えて供される。

「こだわりがないのがこだわりかもしれません。いつも通りやるだけです」とポツリ。いや、それこそが一番難しい。職人は仕事で語ると知った。

1

2

3

4

5

1）穴子は半分に切られ、塩と甘ダレ、2つの味が楽しめる。細巻、玉子。本来は別々に供される
2）始めにわかめポン酢が出され、にぎりの後に茶碗蒸し、お味噌汁が付く。食後にアイスクリームが出る
3）店内はカウンター席のみ。寿司を盛る器はサイズを伝えて特注したものを使う
4）ならやま大通りに面して建つ
5）目の前で江戸前寿司の技を見られるのも楽しみの一つ

他のランチメニュー

なし

ディナー料金の目安

1人あたり…1万円～

住 奈良市右京3-2-5
☎ 0742-71-4446
営 12:00～14:00（LI13:30）、18:00～22:00（LI21:00）
休 水曜
P あり
席数 カウンター8席
煙草 全席禁煙
予約 予約がベター
カード 不可

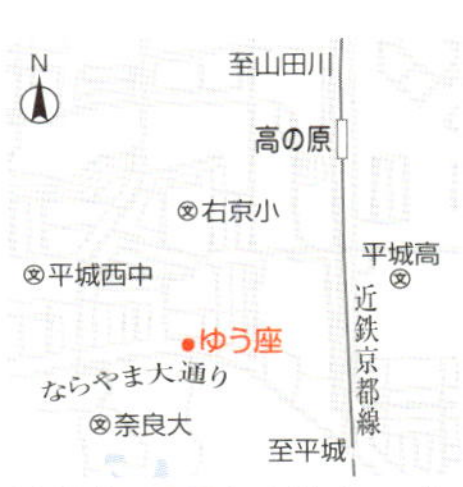

近鉄高の原駅から徒歩15分

日本清酒発祥の地とされる正暦寺

奈良・伝統の食文化　その4

日本酒

造酒と杜氏の神を祀る大神神社

造り酒屋の軒先に、青々とした杉玉が誇らしげに下がる。新酒完成を知らせる印は、神への感謝に起源を持つ。神とは、奈良県桜井市にある大神神社の祭神、大物主大神だ。

国造りの神として篤い信仰を集める大物主大神は、造酒の神でもある。崇神天皇の時代、国に蔓延する疫病を鎮めるため神へ捧げる酒造りに挑んだ高橋活日命に力を貸し、一晩で造酒を成功させたのだ。

『日本書紀』にあるこの話から、三輪は日本酒発祥の地とされ、神社ゆかりの杉の葉を、造酒のお守りとして酒屋の店頭に吊るす風習が広まった。今も毎年11

酒蔵の軒に吊るされる杉玉

大神神社の門前で営む三輪唯一の酒蔵「今西酒造」

酒の神様を祀る大神神社。毎年11月14日には全国から「醸造祈願祭（酒まつり）」が行われ、全国の蔵元や杜氏が集まる。祭の後に全国の蔵元へ杉玉が配られる

月、大神神社では醸造安全祈願祭が行われ、神威を宿す杉玉が酒造家に授与される。境内には、杜氏の祖として活日命を祀る活日神社もある。

清酒発祥の地・正暦寺

日本酒の始まりはいわゆる「どぶろく」で、今のように澄んだ酒が造られるのは室町時代になってから。奈良の寺院で「僧坊酒」と呼ばれる酒造りが盛んになり、醸造技術が発達したことによる。

なかでも出色は、奈良市の正暦寺。86もの塔頭を抱える大寺院だった当時、「三段仕込み」や火入れ殺菌、酒母の原型「菩提もと」造りなど、近代醸造法の基本となる技術をいち早く確立。「菩提泉」と名付けた清酒を造り、「清酒発祥の地」と伝わる。「奈良酒」が高級酒として珍重された江戸時代には逆に、寺の衰退で酒造りは廃れていたが、奈良酒の質向上への寄与は疑いない。1999年、正暦寺と地元の酒蔵、県工業技術センターの協力で、「菩提もと」は復活をはたしている。

奈良の地酒を味わえる店・3選

御料理 吉座傳右衛門
→P34

江戸三
→P40

日本料理おばな
→P76

編集部お気に入り

Selection

通な奈良の地酒

大倉 純米吟醸 山田錦60%
中取り無濾過生原酒

香味が一番安定するとされる中取りのみを瓶詰め。上品な吟醸香とソフトな甘みを感じる。
1.8L　3100円

大倉本家
香芝市鎌田692
☎0745-52-2018

風の森 キヌヒカリ
純米大吟醸 しぼり華

非加熱、無濾過、無加水で、旨みのある酒本来の味が楽しめる。甘やかな香りで品がいい。
1.8L　2900円

油長酒造
御所市中本町1160
☎0745-62-2047

花巴 山廃純米 雄町
うすにごり無濾過生原酒

しっかりとしたボディで濃醇、奥行きのある香りが特徴。純米酒の山廃仕込み。
1.8L　3000円

美吉野醸造
吉野郡吉野町六田1286
☎0746-32-3639

神韻
純米吟醸酒

「神韻」は限定流通酒。辛口で酸度が高いが、口当たりはやわらかく旨みが広がる。
1.8L　2600円

増田酒造
天理市岩屋町42
☎0743-65-0002

篠峯 夏凛 雄町
純米吟醸無濾過生酒

「凛々 無濾過原酒」の夏酒。爽やかでフルーティ。口当たりは軽く、キレ味が良い。
1.8L　2800円

千代酒造
御所市櫛羅621
☎0745-62-2301

奈良広域エリア

その土地に息づく食材や風味、店柄を楽しむため
わざわざ足を延ばしてでも行きたい名店があります。

大和郡山市
河合町
桜井市
宇陀市
生駒市
天理市
橿原市
大和高田市
五條市

桜のハチミツ香る、スローなフレンチを

季節のランチコース6000円より、冷前菜「オマール海老のサラダ 季節のフルーツ ハーブサラダ仕立て」。「季節のランチコース」は年5回各1カ月間だけ登場する限定コース

【フランス料理】 大和郡山市

ル・ベンケイ Le BENKEI

２０００坪もの広大な敷地を有する大和郡山のグランメゾン。重厚な扉を開けると、豪華なシャンデリア、格式高い調度品、優美なインテリアが配され、そこは別世界だ。

味わえる料理は、オーナーシェフの尾川欣司さんが紡ぎ出すフレンチ。もともと四季にとらわれないフランス料理を、シェフが日本料理の美を加えて季節感のある一皿に。食材も安心安全なものをとの思いから、野菜や果物は、自家農園や果樹園で朝収穫したものを使用。また自家養蜂も行い、近くの郡山城跡に咲く桜の蜜で作った「桜ハチミツ」を、ソースやスイーツなどに使っている。

華やかなだけでなく、スローフードが優しく息づくフレンチに、誰もが頬を緩ませる。

3　1
4　2

1）温前菜はLe BENKEIのスペシャリテの一つ「フォアグラのポワレ」。レンコンのガレット 西吉野の柿のキャラメリゼ
2）自家農園で採れた紅イモを使用した「紅イモのモンブラン」。ジャージー乳とハチミツのアイスクリームを添えて
3）中庭が望める優雅なメインダイニング
4）メインダイニングではテーブルの席のほか、さまざまな用途に合う個室も用意されている
5）ヨーロッパのレストランのような、木々に囲まれた邸宅。敷地内にはチャペル&バンケット、カフェ、パティスリーもある

他のランチメニュー
ランチ　3500円
フィッシュコース
6000円
ステーキコース
6000円

ディナー料金の目安
1人あたり
…1万5000円～

住 大和郡山市北郡山町276-1
☎ 0743-53-3588
営 11:30～14:00、17:00～22:00（LO21:00）
休 不定休
P 70台
席数 テーブル80席、個室5部屋
煙草 一部喫煙（個室は喫煙可）
予約 要予約
カード 可（VISA、MASTER、AMEX、JCB、その他）
※サービス料は別途要

http://www.benkei.ne.jp

近鉄郡山駅から徒歩10分、
JR郡山駅からタクシーで7分

古都懐石 天平8000円より、夢前菜の汲み上げ栗豆腐。華やかな盛り付けに感嘆。椀盛や焼肴など12～13品付き、内容は月替わり

絵巻にしたためた懐石の秘味を、そっと紐解くように

【日本料理】 河合町

西大和さえき

西大和の閑静な住宅街に、1200坪もの敷地を有する料亭。大きくとられた窓の外には、枯山水の庭園と能舞台。その向こうには斑鳩の里から若草山と、大和の雄大な風景が見渡せる。

この絶景とともにいただけるのは、地元農家から仕入れた奈良らしい食材と、天然ものの魚にこだわった見目麗しい料理たち。用いる器は清水焼など窯元の特注品。お香が薫り、季節の生花が彩りを添える店内には、流派に応じた茶会ができる茶室も備える。

古都・奈良をイメージしたという「古都懐石」は、さながら〝料理絵巻〟のごとし。華やかさの奥に、静かな侘び寂びが息づく。コースの終わり、甘味とお抹茶を頂く頃には、料理長がいざなう和の深みへと、すっかり引き込まれている。

3

1

2

4

5

1)向付は、天然のヒラメ。斑鳩産の壬生菜を添えて。すだち酢または土佐醤油で
2)椀盛は、もち米の中に天然鯛を入れ、道明寺粉をまぶして揚げた鯛揚俵。キノコやイチョウ芋が秋らしい一品
3)大広間からの眺望は抜群。枯山水の庭に能の舞台があり、中秋の名月の日には能舞台で食事ができる
4)高台にあり、奈良県の「眺望のいいレストラン」10選に選ばれている
5)代表で総料理長の佐伯誠紀さん。「奈良県産の野菜と大和牛の懐石料理も好評です」

他のランチメニュー

古都点心　5000円
茶懐石　8000円～
古都懐石　8000円～

ディナー料金の目安

1人あたり
…1万2000円～

住 北葛城郡河合町大輪田1674-2
☎ 0745-73-3393
営 11:30～14:00(LO)、17:00～20:00(LO)
休 水曜(祝日の場合は営業)
P 50台
席数 テーブル5席、個室7部屋(大広間あり)
煙草 全席禁煙
予約 予約がベター
カード 可(VISA、MASTER、AMEX、JCB、その他)
※サービス料は別途要

近鉄大輪田駅から徒歩7分

http://www.gourmetjapan.co.jp

大和牛の自家製タリアータ2800円。付け合わせの有機野菜は瑞々しく、ドレッシングも自家製

好一対の夫妻が紡ぐイタリアン、その余韻は深く永く

【イタリア料理】 桜井市

トラットリア マエザワ TORATTORIA MAEZAWA

オーナーシェフの前澤進治さんが黙々と料理する。その出来立てを、奥様の睦さんがテキパキとサーブする。まさに阿吽の呼吸。さあ、お待ちかねの「大和牛自家製タリアータ」が運ばれてきた。お肉は出産前の若い雌牛で柔らかく、絶妙の焼き加減。バリ島の岩塩と20年もののバルサミコ酢が肉の旨みをさらに引き出し、いつまでも深い余韻が続く美味しさだ。

お店のモットーは、安心で美味しいイタリアンであること。コストや手間がかかろうとも、とことん食材を吟味し、ソースから生パスタまで一からの手作りを貫いている。

大柄で仕事一途な主人と小柄で快活な奥様。好一対の夫妻が営むトラットリアには、温かくて心地よい空気が流れていた。

1)「いちじく&SPF豚 20年もののバルサミコ酢パスタ」2500円。自家製パンチェッタの塩味とバルサミコ酢のコクと甘みが絶妙
2)本日のドルチェから、キャラメルバナナケーキ550円。本日のドルチェは常時2～3種類用意
3)オーナーシェフの前澤進治さんと奥様の睦さん。「安心できる食材にこだわり、1つ1つ丁寧に手作りしています」
4)店内にはシェフ自慢の魚拓や趣味の楽器が置かれている
5)「前澤」と書かれた大きな看板を目印に

他のランチメニュー

大和牛&きのこバターしょうゆパスタ　2300円
大和牛自家製ミートソース＆モッツァレラ 3000円
大和牛前澤風カツレツ 3200円

ディナー料金の目安

1人あたり…4000円～

住 桜井市粟殿1026-2
☎ 0744-43-0776
営 11:30～14:00(LO)、18:00～21:00(LO)
休 火曜
P 3台
席数 テーブル8席、カウンター8席
煙草 全席禁煙
予約 要予約
カード 可(VISA、MASTER、AMEX、その他)

JR・近鉄桜井駅から徒歩8分

清澄なる庵で待っていたのは、身心一体の感動だった

二の膳4800円（税込）より、盛り蕎麦。蕎麦粉は北海道産と茨城県産をブレンド。だしには唯一、動物性の食材である鰹節を使用

【蕎麦】 宇陀市

蕎麦・菜食 一如庵《いちにょあん》

榛原の山あい、静かな集落に佇む一如庵。その暖簾をくぐった。畳敷きに座し、「二の膳」を頼む。椀物に続いて前菜が運ばれてくるや、ため息がこぼれた。その盛り付けの麗しいこと。そして盛り蕎麦のお出まし。長野・和歌山・丹波篠山と、蕎麦の銘店で修業した主人・桶谷一成さんが切るのは、石臼で丹念に挽き分けた蕎麦。スルスルとした喉越しで、蕎麦粉本来の風味が品よく香り、鼻に抜ける。鰹だしのつゆとも絶妙な合い口。旬菜の天ぷらを楽しんだ後は、殻を挽きこんだ昔ながらの手挽き蕎麦。今度は独特の風味がある鯖だしのつゆで。

　ひと箸たぐるたび、体が清められていくような蕎麦と、豊かな実りを言祝ぎたくなる精進料理。その感動に、身と心は一つに震えた。

1)奈良県産の無農薬野菜やキノコを使った手の込んだ一品が並ぶ前菜。曽爾村の作家にオーダーした檜の器に盛られる
2)この日の天ぷらは京ニンジンやマイタケ、酵素玄米のレンコン挟み揚げなど。この後に手挽き蕎麦、デザートと続く
3)趣きのある店内でじっくりと味わえるのもうれしい
4)築150年の実家の古民家を改装した風情ある建物
5)主人の桶谷一成さん。「お客さんに『わぁ!』という小さな感動や驚きを感じてもらえればうれしいです」

他のランチメニュー
一の膳　2300円(税込)
もり　1000円(税込)
辛味おろし
1200円(税込)
手挽き　1100円(税込)

ディナー料金の目安
1人あたり…6500円～

住 宇陀市榛原自明1362
☎ 0745-82-0053
営 11:30～14:30、17:00～20:00
休 火曜、第1・3月曜
P あり
席数 座敷15席、個室1部屋
煙草 全席禁煙
予約 要予約
カード 不可

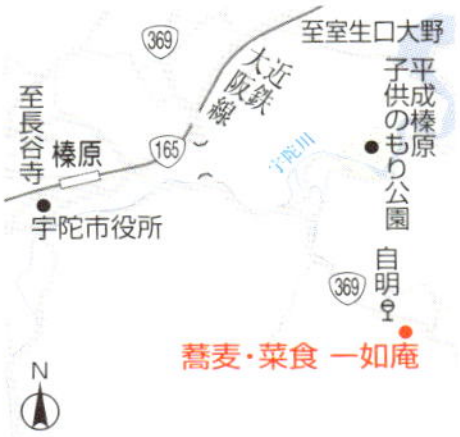

近鉄榛原駅からタクシーで5分

イタリアと奈良の食材で、人と人を繋げるオステリア

パスタもメインディッシュも楽しむコース2900円より、
本日の肉料理「イタリア エミリアロマーニャのホエー豚のグリル」

【イタリア料理】 生駒市

オステリア ウマーノ OSTERIA UMANO

オーナーシェフの土岐優さんが心がけるのは「普段、家庭では出ない料理をお出しすること」。噛めば噛むほど肉のうま味がにじみ出るイタリア産のホエー豚や、22ヶ月熟成させるパルマ産の生ハムなど。それら厳選したイタリア食材と、奈良の旬の野菜や鮮魚を組み合わせ、それぞれの素材の持ち味を活かした料理へと仕立て上げる。

白・赤3種類ずつのグラスワインとスプマンテを用意し、ワインと一緒に食事ができるイタリアスタイルを楽しめるのもうれしい。

店名の「ウマーノ」はイタリア語で「人」の意味。「生産者やお客さん、人と人とのつながりを大切にしたい」との思いがこもっている。オープン4年目。イタリアと奈良が出会うオステリアに、人が集う。

1

2

3

4

5

1）前菜の盛合せ。パルマ産22ヶ月熟成の生ハム、パートフィロの包み焼き、石川県産天然ハマチのカルパッチョ仕立て
2）「秋刀魚と小松菜のオイルソース」。パスタは4種から選べる。コースにはスープ、デザート、コーヒーが付く
3）オレンジがキーカラーの温かみある店内
4）木のドアが可愛いシンプルな外観
5）オーナーシェフでソムリエの土岐優さん。「好みに合うよう、いろいろなタイプのワインを用意しています」

他のランチメニュー
パスタを楽しむコース
2000円
シェフのお任せコース
5000円（3日前までに要予約）

ディナー料金の目安
1人あたり…4000円～

住 生駒市東菜畑1-182-1 クイーンズコート生駒106
☎ 0743-73-0644
営 11:30～15:00（LO14:00）※土・日曜、祝日は～15:30（LO14:30）、18:00～22:00（LO21:00）※金・土曜は～24:00（LO23:00）
休 不定休
P 6台
席数 テーブル12席、カウンター2席
煙草 全席禁煙
予約 予約がベター
カード 不可（夜のみ可／VISA、MASTER、AMEX、JCB、その他）
http://www.eonet.ne.jp/~umano

近鉄菜畑駅から徒歩8分

うなぎフルコース5000円より、蒲焼。
コースの内容は30年前の創業当時
から変わらない

タクシードライバーに問えば、必ず名前が挙がる鰻店

【鰻料理】 天理市

うなぎ料理 みしまや

地元を知るタクシーの運転手においしい店を指南してもらうと、天理では必ずといっていいほど「みしまや」と答えが返ってくる。

「うちでは鹿児島産や宮崎産の鰻を使っています。肉厚があって一番おいしいんです」と店長の奥村和徳さん。創業時から続く「うなぎフルコース」を頼むと、鰻料理がずらり。こちらの蒲焼は蒸さずに焼き上げる関西風。「焦がさず、じっくり丁寧に焼き上げるようにしています」と店長。聞けば、生きている鰻を、その日に使う分だけ捌いているのだとか。ホクホクの身を頬張ると、香ばしい旨味に恍惚となる。

こうしている間も切れ目なくお客がやって来る。タクシー運転手の目に狂いはない。

1

2

3

酢味噌をつけていただくうなぎあらい、うざく、う巻のほか、八幡巻、骨せんべい、きも焼、ご飯、吸い物などが付く

1）2代目を継ぐ、店長の奥村和徳さん。「冬限定で釜飯やせいろ蒸し、茶碗蒸しもあります」
2）テーブル席と座敷があり、落ち着いた雰囲気のなか味わうことができる
3）平日はサラリーマンの姿も多く、週末は県外から足を運ぶファンも

他のランチメニュー

並丼　1400円
うなぎ定食　2500円
ひつまぶしセット
2700円

ディナー料金の目安

1人あたり…1400円〜

住 天理市三島町120
☎ 0743-62-0902
営 11:00〜20:00（売り切れ次第閉店）
休 木曜
P 20台
席数 テーブル16席、座敷28席
煙草 全席禁煙
予約 不要
カード 不可

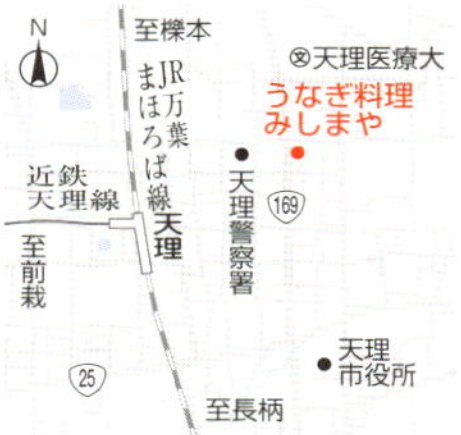

JR・近鉄天理駅から徒歩10分

野菜を愛し、畑に愛されるシェフの優しいポーション

4500円のコースより、お魚料理2種盛り合わせ「アカハタと赤穂のカキの香草焼き」。アカハタにゴボウのフリットを添えて

【フランス料理】 橿原市

ピノ・ノワール Restaurant Pinot Noir

とある奈良の有名和食店の主が「奈良で一番おいしいフレンチ」と賞賛するお店。オーナーシェフの小松郁雄さんが織り成す料理には、実に多くの野菜が使われている。訳を尋ねれば、「野菜が好きなんです」と、なんとも明快なお答え。近隣の農家や直売所から仕入れているそうで、「生産者の顔が見えるから安心。畑のおばちゃんが応援団なんです」と微笑む。

オープンから20年。常連客の年齢も上がってきた。「おいしいものをちょっとずつ」との要望に、ポーションを小さくして多くの種類を味わえるよう気を配る。「自分の食べたいものを作って、それをお客さんに共感してもらえるのが、何よりうれしい」。その共感の輪は常連客だけでなく、和食の料理人仲間にも広がっている。

3

1

4

2

5

1)鮮やかな「サラダ仕立ての前菜」。野菜のマリネ、カマスのサラダ、毛ガニのトマトサラダ、鶏とジャガイモのパテ
2)こだわり牛乳プリン、シフォンケーキ、季節のフルーツ、シャーベットとアイスクリームがのるデザート盛り合わせ
3)葡萄の品種名を店名に冠するほどのワイン好きなオーナーシェフの小松郁雄さん。ソムリエではなく自称「ノムリエ」
4)家族で営んでおり、洗練された空間の中に温かい安らぎが感じられる
5)常連客だった空間デザイナーが設計し、7年前にリニューアル

他のランチメニュー
お昼のコース
3000円～
シェフおまかせコース
6000円～

ディナー料金の目安
1人あたり…6000円～

住 橿原市新口町102-10
☎ 0744-29-4714
営 12:00～14:30(LO13:30)、18:00～21:30(LO20:00)
休 第1・3火曜、第2・4月曜 ※月2回不定休
P 5台
席数 テーブル15席
煙草 全席禁煙
予約 要予約
カード 可(VISA、MASTER)
※サービス料は別途要

近鉄新ノ口駅から徒歩5分

寿き重2000円。肉は自社牧場で育てた黒毛和牛で、30カ月以上の牝牛のみを使う。温泉卵をのせて味の変化を楽しんで

味の芸術品と謳われる極上和牛、貴女ならどう食す？

【肉料理】　橿原市

福寿館《ふくじゅかん》 本館レストラン

「奈良で肉といえば福寿館」。奈良育ちの友人が誇らしげに話す。「自社牧場のお肉だからおいしいんだって」と今度は食通の友人がポツリ。今日は気の合う3人で女子会。せっかくだからと、それぞれ違うものをオーダーした。

　私はすき焼きが重箱に詰められた「寿き重」。ロース肉は柔らかく、深い味わい。グルメの友人は「ステーキ重」。「フィレとサーロイン両方が味わえるなんてお得」と目を潤ませる。奈良育ちの友人は「レディースランチ」。洋食スタイルにご満悦の様子。それにしても、お肉がここまで美味しいとは！　聞けば、厳選された血統書付きの黒毛和牛の牝牛だとか。

　「次回の女子会もここだね」。「味の芸術品」にすっかり魅せられ、私たちは再会を約束した。

1

2

3

5

4

1)フィレとサーロインの厚切り肉が120gも入ったステーキ重3500円。生ハムサラダや赤だし、季節のフルーツ、コーヒーが付く
2)レディースランチ3200円はコンソメスープ、生ハムサラダとライスまたはパンが付く洋風セット
3)店内は個室もあり、それぞれの部屋には奈良の地名が付けられている
4)精肉販売コーナーを併設。牛肉だけでなく、特製の手作り弁当やお惣菜なども販売している
5)鉄板焼シェフの小嶋淳司さん。「目の前で焼き上げる鉄板焼きステーキランチ4700円もぜひ」

他のランチメニュー

ステーキ重　3500円
姫しゃぶ御膳
3800円
味めぐり弁当
3800円

ディナー料金の目安

1人あたり…5000円〜

住 橿原市十市町425-1
☎ 0744-21-5511
営 11:00〜22:00(LO21:00)
休 水曜
P 80台
席数 テーブル12席、カウンター16席、座敷72席、個室11部屋
煙草 一部禁煙
予約 予約がベター
カード 可(VISA、MASTER、AMEX、JCB)

http://www.fukujukan.co.jp/

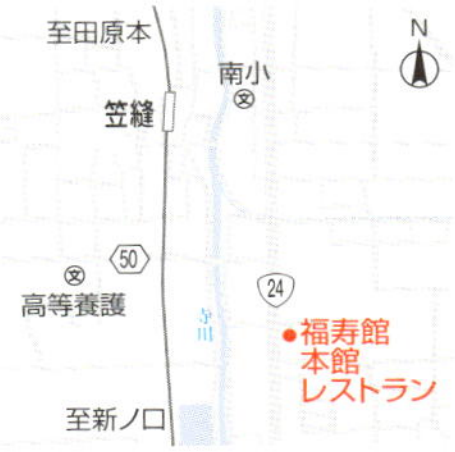

近鉄笠縫駅から徒歩15分、近鉄大和八木駅からタクシーで10分

名門で修めた広東料理の深遠を、飾らないもてなしで

飲茶ランチコース（桃）2000円より、メイン料理「スペアリブと季節野菜のあっさり煮込み」。
メインの料理内容は日替わり

【中国料理】 大和高田市

Chinese Dining 白鳳酒家《はくほうしゅか》

料理長の瀧口浩史さんは、香港に本店がある広東料理の最高峰「福臨門酒家」の大阪店出身。22歳の時、狭き門をくぐり、世界的に有名な厨師・羅顕彬（ラ・ケイピン）氏に師事。感覚と経験によって伝承していく職人の料理を自分のものにし、わずか3年で点心のすべてを任された。

そんな確かな腕を持つ瀧口さんの点心が、ここでは驚きの価格で味わえる。「わざわざ大阪まで行かなくても、ここで食べてもらいたい」。生まれ育った大和高田で、父親の中国料理店を継いで12年。地域に密着した温かい店にしたいと、地元の人々との交流を大切にし、笑顔の絶えない店を心がける。「うちのスタッフの笑顔は最高ですよ」。そう話す瀧口さんの笑顔も最高です！

1

2

3

4

1）料理長の瀧口浩史さん。「お客さんと話をする店。笑顔を信条にアットホームな店を目指しています」
2）30年間愛されてきた先代の味を残しながら、広東料理をベースにした中国料理を提供
3）カジュアルな雰囲気の店内。2階には大人数で利用できる広間もある
4）前菜二種盛合せ、スープ、揚点心2種、蒸点心2種、野菜のせいろ蒸し、麺または炒飯、デザート、ソフトドリンクが付く

他のランチメニュー
飲茶ランチコース（香）
1500円
プレミアムヘルシーランチ
1200円
チョイスランチ　900円

ディナー料金の目安
1人あたり…3000円～

住 大和高田市本郷町9-5
☎ 0745-22-4753
営 11:00～15:00、17:00～22:00（LO21:30）
休 火曜
P 12台
席数 テーブル12席、カウンター5席、座敷14席、個室1部屋
煙草 昼は全席禁煙（夜は全席喫煙）
予約 不要
カード 可（VISA、MASTER、AMEX、JCB、その他）

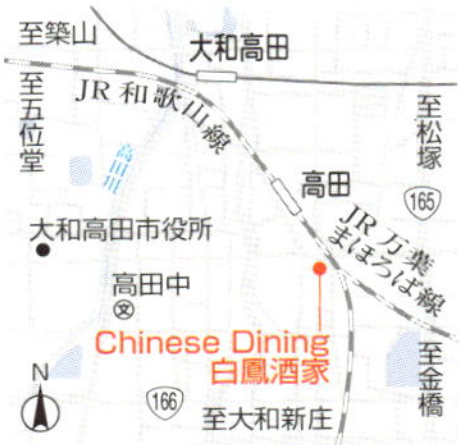

JR高田駅から徒歩3分

http://www.tenshinbo.com

王が隠れし歴史の旧家で、真心こめた野菜のご馳走を

2000円のコースより、旬菜の天ぷら。この日は富有柿、大和トウキ、四角豆、マコモダケ、手作りこんにゃくを桜塩で

【創作料理】 五條市

旬の野菜レストラン 農悠舎王隠堂《のうゆうしゃおういんどう》

築150年以上の古民家を改築した、野菜レストラン「王隠堂」。聞けばその名は、南北朝時代、足利尊氏に追われ、吉野に逃れた後醍醐天皇一行を匿ったことで、天皇から授かったとか。

野菜はすべて自家農園と地域の生産者とで育てたものを使っており、鮮度はもちろん、安全と品質の高さも折り紙付き。コース料理は、どれも野菜の良さがきちんと伝わってくるものばかり。料理を作るのは地元農家のお母さん方で、「昔から農家で食べてきた素朴な料理ばかりですが（笑）」とはにかむ。秋には日本一の生産を誇る西吉野の柿を使った一品、寒くなれば野菜の旨みが詰まった土鍋蒸しも楽しめる。

遠出も意に介さず。わざわざ食べに行きたくなる懐かしいご馳走が、西吉野にはある。

1

2

3

野菜コロッケや手作りのがんもどきのほか、10種類以上の野菜が入るサラダ、煮物、かまどで炊くご飯、吸い物などが付く

1）店主の王隠堂裕子さんと地元農家のお母さん方が愛情込めて作る
2）王隠堂家の邸宅を開放した、風情たっぷりな築150年の古民家でいただける
3）幕末に建築されたという立派な建物

他のランチメニュー
なし

ディナー料金の目安
なし

住 五條市西吉野町湯塩154
☎ 0747-32-0073
営 11:30～14:30
休 不定休
P 10台
席数 個室7部屋
煙草 一部喫煙
予約 要予約
カード 不可

http://www.nouyusha.com

近鉄福神駅またはJR五条駅からタクシーで30分（事前予約で送迎あり。有料）

エスプリが香るフレンチキュイジーヌを、心ゆくまで

プリフィクスランチ デジュネB 4000円より、肉料理「特上牛ロース肉のグリエ 芳醇な赤ワインソースを添えて」(+1000円)

【フランス料理】 大和高田市

ヴェルデ辻甚《つじじん》

奈良と伊勢を結ぶ伊勢街道沿いに建つ「辻甚」。創業400年を誇る老舗料亭旅館が、チャペルを併設する邸宅レストランとして装いを変えて11年。

老舗を物語る書院造の床の間や欄間など、日本建築の美なる意匠をそのまま残した空間でいただけるのは、現代的なフランス料理に、和の要素を取り入れたフレンチキュイジーヌ。幅広い年齢層の客人が楽しめるよう、時には食材や料理法に和を持ちこみ、清新なフレンチへと発展させる。サーブされる一皿一皿は洗練の美を漂わせ、口に運べば、深くて優しい味に心が緩む。

プリフィクスランチのデザートは、ワゴンサービスで全7種の中から好きな品を好きなだけ選べる。最後まで、エスプリが効いているのもうれしい。

3 1
4 2

5

1）魚料理「オマール海老と白身魚のフリット 魚介の旨味ソースを添えて」（+700円）とオードブル。内容は月替わり
2）デザートは常時7種類用意。記念日にはメッセージプレートの演出も。コースには他にスープ、パン、食後の飲み物が付く
3）元は旅館の客室だったという2階の個室。優雅なひとときを過ごせる
4）四季折々の姿を見せる庭園を望むダイニング。記念日や人生の節目など特別な日に利用すれば、素敵な思い出に
5）春と11月のブライダルシーズンは貸切の場合があるので、レストランの利用は事前に問合せを

他のランチメニュー
バリエランチ　2380円
（1日限定20食）
プリフィクスランチ デジュネA　3000円
セレブリティランチ
5000円

ディナー料金の目安
1人あたり…5500円〜

住 大和高田市南本町11-43
☎ 0745-25-2501
営 11:30〜14:00（LO）、17:30〜21:00（LO）
休 水曜（祝日の場合は営業）
P 100台（共用）
席数 テーブル60席、個室4部屋
煙草 一部喫煙（個室のみ喫煙可）
予約 予約がベター
カード 可（VISA、MASTER、AMEX、JCB、その他）
※個室利用のみサービス料は別途要

http://www.tsuji-jin.com

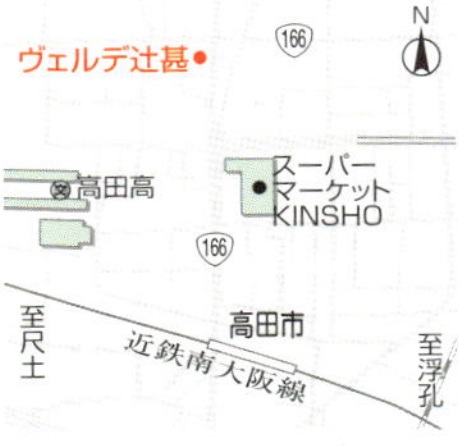

近鉄高田市駅から徒歩3分

ジャンル別INDEX

【フランス料理】

近鉄奈良 Bistrot Le CLAIR ビストロ ル クレール …… 14
近鉄奈良 Bistro de C'est La Vie ビストロ・ド・セラヴィ …… 48
近鉄奈良 BISTROT SQUARE ビストロ・スクワール …… 60
奈良公園 奈良ホテル メインダイニングルーム「三笠」みかさ …… 22
奈良公園 La Terrasse ラ テラス …… 44
ならまち french o・mo・ya オモヤ …… 38
学園前 Le Cachette ラ・カシェット …… 28
学園前 欧風料理 ラ・フランボワーズ …… 56
大和郡山市 Le BENKEI ル・ベンケイ …… 104
大和高田市 ヴェルデ辻甚 つじじん …… 124
橿原市 Restaurant Pinot Noir ピノ・ノワール …… 116

【イタリア料理】

近鉄奈良 PEPITA D'ORO ペピタ ドーロ …… 18
近鉄奈良 Cervo チェルボ …… 78
奈良公園 リストランテ イ・ルンガ …… 24
ならまち ACQUA PIANO アクア ピアーノ …… 10
ならまち Ristorante L'incontro リストランテ リンコントロ …… 32
西ノ京 薬師寺門前AMRIT アムリット …… 68
西ノ京 OSTERIA BA'VVO オステリア バッヴォ …… 88
西大寺 La Cucinetta Yamaoka ラ クチネッタ ヤマオカ …… 42
生駒市 OSTERIA UMANO オステリア ウマーノ …… 112
桜井市 TORATTORIA MAEZAWA トラットリア マエザワ …… 108

【中国料理】

ならまち 中国料理 栃 とち …… 26
新大宮 京中華 飛天散華 ひてんさんげ …… 90
大和高田市 Chinese Dining 白鳳酒家 はくほうしゅか …… 120

【洋食】

奈良公園 THE MAIN DINING at NARA PARK ザ メイン ダイニング アット ナラ パーク …… 94
新大宮 食房 たけだ …… 82

【スペイン料理】

西大寺 奈良スペイン料理 Pica Pica ピカピカ …… 84

【インド料理】

富雄 インディアン レストラン タゴール …… 92

【日本料理】

近鉄奈良 つるや …… 20
近鉄奈良 御料理 吉座傳右衛門《きちざでんえもん》 …… 34
近鉄奈良 懐石料理 かこむら …… 54
近鉄奈良 日本料理 おばな …… 76
近鉄奈良 懐石料理 円《えん》 …… 86
奈良公園 江戸三《えどさん》 …… 40
奈良公園 塔の茶屋《とうのちゃや》 …… 62
ならまち 粟《あわ》 ならまち店 …… 16
ならまち はり新《はりしん》 …… 96
新大宮 志津香《しづか》 大宮店 …… 58
新大宮 日本料理 川波《かわなみ》 …… 66
新大宮 割烹 きた田《きただ》 …… 70
学園前 小粋料理 味 万惣《まんそう》 …… 12
河合町 西大和さえき …… 106

【創作料理】

奈良公園 吉野本葛 黒川本家《くろかわほんけ》 …… 72
西大寺 秋篠の森 なず菜《なずな》 …… 64
田原 竹西農園 遊茶庵《ゆうちゃあん》 …… 50
五條市 旬の野菜レストラン 農悠舎王隠堂《のうゆうしゃおういんどう》 …… 122

【肉料理】

ならまち 囲炉裏ダイニング たなか …… 46
新大宮 ステーキ伊達《だて》 …… 36
橿原市 福寿館《ふくじゅかん》 本館レストラン …… 118

【寿司】

高の原 鮨 ゆう座《ゆうざ》 …… 98

【天ぷら】

近鉄奈良 天麩羅 天仁《てんじん》 …… 80

【鰻料理】

天理市 うなぎ料理 みしまや …… 114

【蕎麦】

宇陀市 蕎麦･菜食 一如庵《いちにょあん》 …… 110

■編集・制作
合同会社EditZ（エディッツ）　http://www.editz.co.jp
奈良県奈良市林小路町1-1-203　TEL：0742-81-8641

■取材・文
松原雄一・白崎友美（EditZ）
矢口成子
上床明子

■撮影
三上富之
中井秀彦
西村仁見

■デザイン
池内重仁（ELWooD GRAPHICS）
林 紫

■地図制作
株式会社ジェオ

奈良　とっておきの上等なランチ

2015年1月20日　　第1版・第1刷発行

著　者　エディッツ
発行者　メイツ出版株式会社
代表　前田信二
〒102-0093 東京都千代田区平河町一丁目1-8
TEL：03-5276-3050（編集・営業）
03-5276-3052（注文専用）
FAX：03-5276-3105
印　刷　株式会社厚徳社

メイツ出版ホームページアドレス http://www.mates-publishing.co.jp/
編集長：大羽孝志　企画担当：堀明研斗